Gabriele Quinque
Der Plan Gottes

Gabriele Quinque

Der Plan Gottes

Zeugnisse im kabbalistischen Lebensbaum

Edition Pleroma

Die Deutsche Bibliothek verzeichnet diese Publikation
in der Deutschen Nationalbibliographie; detaillierte bibliographische
Daten sind im Internet unter http://dnb.d-nb.de abrufbar.

Erste Auflage:

Satz und Titelgestaltung: © Nicolas Vassiliev
ISBN 978-3-939647-35-5
www.edition-pleroma.de
E-Mail: info@edition-pleroma.de

FSC
www.fsc.org
MIX
Papier aus verantwortungsvollen Quellen
Paper from responsible sources
FSC® C105338

Den initiatischen Rosenkreuzern
des Templum C.R.C.
an die Pforte der Adepti Minores gestellt.

INHALTSVERZEICHNIS

Vorwort

Verehrte Leser!

Diese Betrachtung des kabbalistischen Lebensbaumes lebt von Zuordnungen, wie sie ursprünglich überliefert worden sind. Es war das große Verdienst des Autoren und Seminarleiters Hans-Dieter Leuenberger (1931-2007), alle Neuerungen des Golden Dawn (1888-1903) wieder in das Traditionelle zurückzuführen, was mir in den achtziger Jahren, als ich seine Kurse besuchte, sehr einleuchtete, wie z.B. die Tatsache, dass der Erzengel Michael auf Tiphareth gehört und der Erzengel Raphael auf Hod. Am Ende des Buches können Sie in der Bibliographie Bücher von Hans-Dieter Leuenberger finden. Da sich der göttliche Plan besonders durch das Hören erschließt, gönnen Sie sich zusätzlich die Lesungen von dem Schauspieler Christoph Quest (1940-2020), die Sie in der Audiothek meiner Webseite quinque-bibliothek.de herunterladen können.

Im ersten Kapitel wird Ihnen die Struktur des kabbalistischen Lebensbaumes mitgeteilt. Im sakralen Verständnis bewegt sich die Emanation des Schöpfers wellenförmig aus dem verborgenen Mittelpunkt an die Peripherie der Sichtbarkeit. Der Lebensbaum bildet diesen Vorgang von oben nach unten ab. Drei senkrechte Säulen veranschaulichen durch ihr Wechselspiel von plus, minus, neutral die Grundlage jeglicher Manifestation. Zudem werden vier Welten genannt, die von oben nach unten in vermehrter Dichte ihre Form gewinnen.

Kether, Chokmah und Binah, die ersten drei Sephiroth, erfassen Sie im zweiten Kapitel als Grundbausteine der darauf folgenden Schritte. Fall und Aufstieg allen Seins sind im kabbalistischen Lebensbaum in einer geordneten grafischen Darstellung veranschaulicht. Oben herrscht die Einheit, unten tummelt sich die Vielheit. Dazwischen dehnt sich eine Hierarchie aus, deren Aufgabe darin besteht, alle Manifestationen mit dem höchsten Willen abzustimmen. Durch mehrfaches Lesen, Hören und Verinnerlichen wächst Ihr Verständnis für das Wirken kosmischer Gesetze heran.

Das dritte Kapitel enthüllt den dynamischen Ausgleich männlicher und weiblicher Qualitäten in den drei Sephiroth: Chesed, Geburah und Tiphareth. Thelema, der Göttliche Wille, schreitet durch seine Schöpfung in das Dasein und hält das Gleichgewicht in allen Seinsformen aufrecht. Aus der oberen Welt werden Korrekturen veranlasst, damit sich wieder eingliedert, was sich gegen den Plan der Urkraft sträubt. Einsichten in diesen Sachverhalt fördern Ihre Lebensfreude, da Sie sich selbst als Teil des Ganzen verstehen und sich im Kosmos geborgen fühlen.

Gönnen Sie sich auch das vierte Kapitel, denn dieses bringt Sie bekannten Sachverhalten des Erdenlebens näher. Die oberen Welten bestimmen die höheren Gebiete des Bewusstseins, in denen die schöpferische Qualität des Allmächtigen vorherrscht. Aber die drei unteren Emanationen Netzach, Hod und Jesod offenbaren sich als Instrumente für die Welt der Formgebung und erläutern, auf welche Weise der Geist des Alls in die Form gerinnt, und was in der Form geschehen muss, damit die darin verborgene Geistenergie für immer lebendig bleibt.

Das fünfte Kapitel lässt Sie zurückkehren in Ihre eigentliche Heimat, nämlich auf die Erde! Nun wissen Sie sehr viel von der ursprünglichen Einheit, aus der die Menschheit in die Vielheit gefallen ist, weshalb Sie die Harmonie des Alls vor Augen haben. Wer die Weisheit der oberen Sphäre kennt, erlangt auch enormes Wissen über die untere Welt, und doch ist er dann mehr als nur vielwissend, denn er hat die Pfade der Weisheit beschritten. Die Lehre von Adam Kadmon überliefert uns, dass der erste Adam noch Weisheit, Herrlichkeit und Unsterblichkeit in einem war. Und es lohnt sich sehr, etwas mehr in seiner Nähe anzukommen.

Der Weise,
der das einzig Richtige gefunden hat,
verliert etwas spezifisch Menschliches
– die Suche!

Aurelius Augustinus

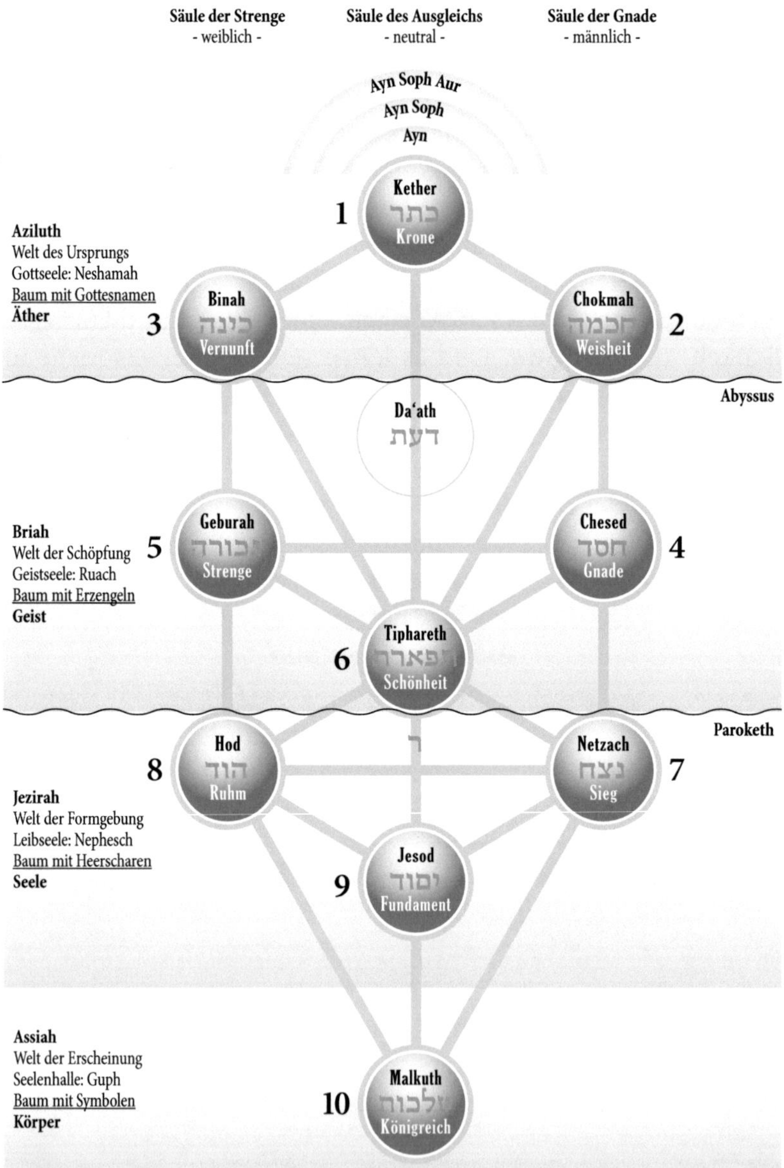

Säule der Strenge
- weiblich -
Säule des Ausgleichs
- neutral -
Säule der Gnade
- männlich -
Ayn Soph Aur
Ayn Soph
Ayn
1
Kether
כתר
Krone
Aziluth
Welt des Ursprungs
Gottseele: Neshamah
Baum mit Gottesnamen
Äther
3
Binah
בינה
Vernunft
Chokmah
חכמה
Weisheit
2
Abyssus
Da'ath
דעת
Briah
Welt der Schöpfung
Geistseele: Ruach
Baum mit Erzengeln
Geist
5
Geburah
גבורה
Strenge
Chesed
חסד
Gnade
4
Tiphareth
תפארת
Schönheit
6
Paroketh
Hod
הוד
Ruhm
8
Netzach
נצח
Sieg
7
Jezirah
Welt der Formgebung
Leibseele: Nephesch
Baum mit Heerscharen
Seele
Jesod
יסוד
Fundament
9
Assiah
Welt der Erscheinung
Seelenhalle: Guph
Baum mit Symbolen
Körper
Malkuth
מלכות
Königreich
10

Die Struktur des Baumes

Zur Einstimmung auf den kabbalistischen Lebensbaum lauschen wir den Worten von Leo Schaya, einem Autoren, dem es gelang, sehr tief in die jüdische Mystik einzudringen. Er lebte von 1916-1985. Im folgenden Zitat spricht er über die Zusammenziehung des von Gott Erschaffenen und die Heimkehr der Schöpfung zu ihrem Schöpfer. *Zimzum*, Zusammenziehung oder Gerinnung, und *Teschubah*, Umkehr oder Heimkehr, so nennen die Hebräer die beiden großen Phasen des gesamten Kosmos.

„Die Schöpfung ist das Sinnbild Gottes; aber gleich einem Spiegelbild im Wasser wird sie nach dem Spiegel-Gesetz der ‚umgekehrten Ähnlichkeit' erzeugt. Dieses Gesetz ist im *Zimzum*, in der göttlichen Zusammenziehung verankert, der zufolge das Unendliche als *Nekuda*, als Urpunkt oder Urmitte des Endlichen erscheint; und in dieser höchsten, ursächlichen Mitte dehnt sich das endliche Dasein beinahe endlos aus, wodurch es zum Sinnbild des Unendlichen wird. Hingegen bleibt es dennoch in seinen Schranken beschlossen, was die umgekehrte Ähnlichkeit der göttlichen Schrankenlosigkeit darstellt. So existiert das Endliche in umgekehrter Ähnlichkeit des Unendlichen. Dies wird durch das überlieferte Sinnbild des Welten- oder Lebensbaumes offenbar, der seine Wurzel oben im Unendlichen hat, während sein Stamm, nämlich die göttliche Einwohnung, nach unten ragt und seine Krone oder All-Fülle sich - wie in einem Wasserspiegel - zuunterst auf der erschaffenen Ebene manifestiert.

Wir sehen, dass in der höchsten Verdichtung, im höchsten Zimzum, das Unendliche sich gleichsam zu einem Punkt zusammenzieht, was sinnbildlich auch als ein verhältnismäßiges Zurückziehen seiner Fülle von eben diesem Punkte betrachtet wird; dabei entsteht eine Leere, ein Ort, darin das Endliche sich ausdehnen kann, und zwar von der Mitte dieser Leere aus, wo das Unendliche sein lichtes Überbleibsel, seine Wahre Gegenwart zurückgelassen hat.

Auch sehen wir, dass diese erste Zusammenziehung und Umkehrung sich innerhalb des erschaffenen Daseins überall durch die Entstehung endlos vieler Mittelpunkte wiederholt, davon ein jeder von einer Ausdehnung umgeben ist, die ihm zugleich als Schleier und als Spiegel dient. All diese Mittelpunkte sind bis zum Urpunkt hinauf durch die Weltenachse hierarchisch miteinander verbunden, und diese Achse ist nichts anderes als der schöpferische, waltende und erlösende Strahl der Einwohnung Gottes. Die um diesen Strahl kreisenden Daseinsbereiche sind alle großen und kleinen Welten, Wesen und Dinge der kosmischen Ausdehnung. Jeder dieser Bereiche ist nicht nur das Wirkungsfeld seiner inneren, göttlichen Mitte oder Achse, sondern - durch diese hindurch das Feld des ihm unmittelbar übergeordneten Daseinskreises. Diese in der göttlichen Achse verankerte Verkettung aller Ursachen und Wirkungen ist die einwohnende Grundlage der kosmischen Gesetze während ihr jenseitiger Urgrund der ‚Höchste Punkt' ist. Die sephirotische Welt der Emanation ist seine Seinsebene, die Ursache und das Urbild aller anderen Ebenen.

Jede weitere Daseinsebene ist ein besonderer Spiegel, ein besonderes Abbild der Seinigen, und eine jede gehorcht Seinem allmächtigen Willen, ob sie es weiß und will oder nicht. In dieser wunderbaren Ordnung steht Gott über all seinen Geschöpfen, und das eine Geschöpf steht über dem anderen, und doch ist jedes Geschöpf zutiefst alles: Gott selber! Äußerlich fasst jedes Geschöpf auf seine besondere Weise das All zusammen – ob es sich dessen bewusst ist oder nicht und ob dies in reicher Entfaltung oder nur keimhaft geschieht –, aber gleichzeitig wohnt es jenseits aller Besonderheit, in seiner innersten Mitte, in seinem Herzensgrunde, das ganze All, das höchste Wesen, das Selbst. Denn die göttliche Mitte oder Achse ist allgegenwärtig, im Herzen jedes Geschöpfes, und ist nicht wie ein bestimmter räumlicher Mittelpunkt auf diesen oder jenen Ort beschränkt; hingegen offenbart sie sich vor allem an heiligen Orten oder in heiligen, zum lebendigen Ausdruck der göttlichen Allgegenwart gewordenen Wesen.

Der Erdenmensch, dieser Letztgeborene der Schöpfung, ist der fleischgewordene ‚Untere Punkt', wo die Kosmogonie in ihren schöpferischen Zusammenziehungen des Unendlichen innehält, um zum höchsten Punkt umzukehren und sich in ihn zurückzuziehen. Wenn diese bedeutsame Umkehr im Menschen zu wirken beginnt, sagt man, dass er von der T*eschubah* ergriffen ist, von der inneren Umkehr, von der heiligen Metanoia, der Rückkehr zu Gott.

Wenn der Mensch von ganzer Seele und mit all seinem Vermögen Teschubah ausübt, gelangt er schließlich zur geistigen Versenkung in seine göttliche Mitte, in seinen Herzensgrund, wo die *Schechinah* als der einwohnende untere Punkt ruht; und wenn der Mensch sich hier mit der Allgegenwart Gottes eint, dann eint er in sich selbst alles Untere mit dem Oberen, mit dem höchsten Punkte, dem Heiligen – Er sei gepriesen!

Diese allweltliche Umkehr und Einung ist dem Menschen mit seinem wahren inneren Wesen selber gegeben, das alle Welten, von der irdischen bis zur göttlichen umfasst und bis zu deren unendlichem Ausgangspunkt hinreicht; so bringt seine Umkehr alle Umkehr, alles Heil, alles Eingehen in Gott mit sich. Groß ist die Teschubah, denn sie heilt die Welt. Groß ist die Teschubah, denn sie reicht bis zum Thron der göttlichen Herrlichkeit. Groß ist die Teschubah, denn sie bringt die Erlösung näher.

Durch seine Versenkung in Gott vergegenwärtigt der Mensch in sich selbst die All-Erlösung und beschleunigt sie dadurch auch äußerlich. Die kosmische Erlösung geschieht, wenn die ganze Vielheit der himmlischen und irdischen Wesen ausgewirkt und erschöpft ist; da beginnt das »Große Jubeljahr«, die letzte Welterlösung. Das ist die letzte Phase des Zimzum, der Rückzug oder die Umkehr aller Umkehrungen, die Zusammenziehung der ganzen kosmischen Ausdehnung in ihre unerschaffene, göttliche Mitte. Da findet alles einwohnende geistige Licht seine jenseitige, unendliche Klarheit wieder, und aller irdische und himmlische Stoff geht wieder in den Urstoff ein, in den ‚Höchsten Äther', *Awira ilaah*, der selber ewig in der Höchsten Wesenheit, *Kether*, aufgelöst ruht. Das ist die Rückkehr des Spiegelbildes zur Wirklichkeit des Gespiegelten, die Heimkehr des Abbildes in das Urbild, das Eingehen des Sinnbildes in seinen Sinn, die Wiedervereinigung des Erschaffenen mit seinem Schöpfer. Das scheinbar Andere ist nichts mehr anderes als das Eine ohne das Andere." So weit das Zitat von Leo Schaya.

Ez ha-Chajîm – so heißt der Baum des Lebens im Garten Eden. Der kabbalistische Lebensbaum schenkt der Menschheit erkenntnisreiche Früchte aus dem Paradies der jüdischen Geheimlehre. Das umfangreiche Mysterium wurde im Wesentlichen dafür geschaffen, die Thora zu erklären. Als Thora bezeichnet das Judentum den Pentateuch, das sind die fünf Bücher Mose. Darin offenbart der Allerhöchste sein Wesen und seine Absicht.

Das 1. Buch Mose, *Genesis*, enthält die Urgeschichte der Schöpfung und führt weiter zu den Stammvätern Abraham, Isaak und Jakob.

Das 2. Buch Mose, *Exodus*, handelt von dem Auszug der Iraeliten aus Ägypten.

Das 3. Buch Mose, *Leviticus*, erklärt im Wesentlichen die Opfer- und Reinigungsgesetze.

Das 4. Buch Mose, *Numeri*, berichtet von den Problemen des Volkes auf der vierzigjährigen Wüstenwanderung.

Das 5. Buch Mose, *Deuteronomium*, enthält die Grundlagen der Zehn Gebote, den ausführlichen Hintergrund des Dekaloges.

Die hebräische Thora ist nur in Konsonanten geschrieben, da die Vokale IAO dem Schöpfer selbst vorbehalten bleiben. Durch Einfügung der Vokale ändern sich Text und Sinn, deshalb studiert der Kabbalist die Thora in spezieller Weise. Allen Buchstaben entsprechen Zahlenwerte. In der *Gematria* werden die Zahlenwerte eines Wortes in theosophischer Addition auf einen Nenner gebracht und mit anderen verglichen. Im *Notarikon* vergleicht der Rabbiner die Anfangs- Mittel- und Endbuchstaben eines Wortes und zieht Schlüsse daraus. Die nächste

Lesart heißt *Temurah*, hier philosophiert man über weite Verbindungen von Worten innerhalb des Textes und erkennt festgeschriebene Strukturen.

Der aus dem Erdenschlummer erwachte Mensch studiert die Heilige Schrift auf vierfache Weise und wohnt schon zu Lebzeiten in dem geistigen Paradies. Der Begriff Paradies mit den Konsonanten PRDS, bedeutet Erkenntnis Gottes. Als Leitfaden zum Studium der Thora ziehen die Hebräer diese vier Buchstaben heran. Die Letter *Peh* wird als *Peschat*, die Einfachheit, gelesen und meint die Betrachtung der äußeren Bedeutung. *Resh* steht für *Remes*, die Andeutung, und untersucht den vielfachen Sinn hinter den Wörtern. *Daleth* ist *Derasch*, die Darlegung, und erlaubt eigene Interpretationen, die ohne religiöses Hintergrundwissen allerdings streng verboten sind. Gemäß der jüdischen Konsequenz im Umgang mit Überlieferungen darf nicht jeder Mensch der Thora eigene Auslegungen hinzufügen. Wird hier eine Lockerung eingeführt, sind aus jüdischer Sicht Tür und Tor für Fehlinterpretationen geöffnet. *Samekh* meint *Sod*, Geheimnis, und setzt die Weisheit der Überlieferung voraus, die dazu führt, die heilige Tradition unantastbar zu machen.

Insgesamt führen die genannten sieben Lesarten zu der strenggläubigen Auslegung, dass die Thora unmittelbar von Gottes Hand gegeben wurde, sonst könnte sie in den Wörtern nicht derart logisch konstruiert und strukturiert sein. In der initiatischen Tradition verstehen wir jedoch, dass alles Erschaffene in großen Zügen demselben Ablauf folgt. Demnach folgt auch jeder Mythos und jede Heilige Schrift gewissen Grundmustern. Die Ähnlichkeit untereinander kann nur jene Menschen in Staunen versetzen, die solche Strukturen noch nicht überall zu entdecken vermochten. Die Schöpfung und damit auch alles

Erschaffene folgt stets denselben Grundsätzen, im Kleinen wie im Großen. Es gibt die himmlische Einheit, den stufenweisen Fall in die Vielheit und die Rückkehr in die Einheit über dieselben Stufen, die der Fall vorgegeben hat. Wie von *Zimzum* und *Teschubah*, von Einkörperung in die physische Welt und Heimkehr in die geistige Welt, gesprochen wird, so lässt sich dasselbe auch mit anderen Worten beschreiben. Den Sturz der Schöpfung aus der Einheit in die Vielheit nennen wir *Involution*, weil sich die Seele in ihrer Inkarnation mit Stoff einhüllt, gleichsam verwickelt. In der Genesis heißt es sinnbildlich, Adam und Eva bedeckten sich mit Fellen, als sie das Paradies verlassen hatten.

Im Anfang, im Garten Eden, glich der Stoff einem transparenten Schleier, durch den Adam Kadmon, der erste Mensch, noch auf seinen Schöpfer blicken konnte. Durch ihre Fleischwerdung verliert die Seele den paradiesischen Zustand. Je dichter der Stoff die Seele umgibt, umso weniger nimmt sie Anteil an den oberen Welten der Heiligkeit. Erst in der *Evolution* enthüllt sich die Seele wieder. Am dunkelsten unteren Punkt ihrer Verhüllung begehrt die Seele, sich allmählich loszusagen von der Knechtschaft der Materie und *ent-wickelt* sich im wahrsten Sinne des Wortes, indem sie schichtweise ihre Bindung an den Stoff auflöst. Wenn allerdings die Unerfahrenen davon hören, so glauben sie, sich von allem Besitz und jeglichem Wohlleben absondern zu müssen und streben einer verfrühten Bedürfnislosigkeit entgegen. Darin liegt ein grober Fehler der Neuankömmlinge in den Hallen der Weisheit. Denn ein extremer Mangel an Besitz schränkt das Erdenleben sehr ein. In der Armut gelangen das Handeln und das Reagieren in die Ohnmacht. In dem Dogma der Lösung aus stofflichen Banden geht es vielmehr darum, sich an seinem Besitz freuen zu können, ohne von der Grobstofflichkeit besessen zu sein. In der sichtbaren Welt zu wohnen, ihr jedoch nicht allein zu gehören, darin liegt ein guter Anfang der Heimkehr in den kosmischen Ursprung. Es sollte dem Initiierten möglich werden, auch im Wohlstand die innere Anbindung an den Allerhöchsten durch Arbeit und Verehrung aufrecht zu erhalten.

Auch wenn die Genesis mit der Erschaffung der Welt in sieben Tagen wissenschaftliche Kriterien unerfüllt lässt, so offenbart sie dennoch die schönste Form, wie Gott die Schöpfung zu der Seinen macht. In bildhaften Metaphern erfährt der Mensch etwas von seinem Ursprung und seiner Absonderung von der paradiesischen Einheit, was im Allgemeinen Sündenfall genannt wird. Im Garten Eden standen zwei Bäume: Der Baum des Lebens, *Ez ha-Chajîm*, und der Baum der Erkenntnis von Gut und Böse, *Ez had-da tôb wâ râ*. Das Verbot von dem Baum der Erkenntnis zu essen, bezog sich auf den Verlust des ewigen Lebens im Paradies. Da jedoch der Mensch sich bereits als Adam und Eva seiner beiden Anteile, dem männlichen und dem weiblichen, bewusst geworden war, musste die Schlange diese Teilung noch vorantreiben.

In der gesamten Schöpfung kehrt nichts in die Einheit zurück, das nicht vorher am äußersten Punkt der Verdichtung angekommen ist. Als Konsequenz einer keimenden Dualität erfolgte die Vertreibung aus dem Paradies. Dies klingt wie eine Strafe, wäre da nicht die Erteilung des Freien Willens als Geschenk Gottes an den Menschen. Das größere Unglück für Adam und Eva hätte darin bestanden, im Garten Eden auch noch die Früchte von dem Baum des ewigen Lebens zu essen. Dann hätten sie für immer halbbewusst im Paradies verweilen müssen und würden nicht in den Schoß der Gottheit heimkehren können.

Wegen der genossenen Frucht von dem Baum der Erkenntnis, kann der Mensch auf seinem langen Weg durch die Stufen der Schöpfung tatsächlich erkennend werden und eines Tages aus Freiem Willen den Entschluss fassen, zu Gottvater zurückzukehren. Für diesen Rückweg schuf die jüdische Mystik den Lebensbaum, der in der Literatur kurz *Etz Chaim* genannt wird und die Emanationen der Gottheit in strukturierter Ordnung aufzeigt. Zu seiner größten Herrlichkeit ersteht der Baum des Lebens in der christlichen Offenbarung des Johannes auf. Dort bildet er neben Gott selbst den Mittelpunkt des Neuen Jerusalem. In der siebten Seligpreisung heißt es: „Selig, die gewaschen haben ihre Kleider, damit ihnen zuteil wird ein Recht an dem Baum des Lebens und sie einziehen zu den Toren der Stadt." (Offb 22,14)

Als Wegweiser zu den segensreichen Weltbildern kosmischer Wahrhaftigkeit steht uns der kabbalistische Lebensbaum zur Verfügung. Die Betrachtung und die meditative Verinnerlichung dieses Denkmodells lassen den Mystiker unweigerlich religiös werden. Religion ist Rückbindung an den Göttlichen Ursprung. Religion fördert weder gutes Benehmen, noch dient sie einem persönlichen Vergnügen oder materiellem Zugewinn. Religion will ein sinnvoller Leitfaden sein, um Einsichten zuwege zu bringen, die eine Befreiung des Menschen aus den Fängen der Widersacher ermöglichen. In ihren Gleichnissen stellt die Religion viele Beispiele für die Erhebung der Seele zur Verfügung. Wie das Schiff bei Nacht einen Leuchtturm braucht, um sich in rechter Weise dem Hafen zu nähern, so bedarf ein Erdenbürger der religiösen Anleitung. Ohne diesen Segen kommt niemand in die Freiheit und geht keiner in den himmlischen Frieden ein.

Der Auftrag aller Religionen besteht darin, die um Erlösung bittende Gemeinde in ihrem Streben nach oben zu unterstützen. In jeder Religion erfährt der Erdenmensch, wie er von Gott oder den Göttern bzw. Titanen erschaffen wurde und dass eben diese himmlische Väterlichkeit nichts sehnlicher wünscht als seine Heimkehr. Es wird stets betont, unterstützend für die Erhebung der Seele sei der göttliche Funke, der ihr innewohne. Der erfahrene Rosenkreuzer nennt diesen Funken den *Gott meines Herzens*. Sobald dieser innere Funke an seine absolute Heiligkeit erinnert wird, entfacht er sich selbst zum Feuer der Begeisterung. Besonders intensiv geschieht dies, wenn der Mensch sich klopfenden Herzens in feierliche Riten der Verehrung einbinden lässt. Sakrale Handlungen werden im Judentum in Synagogen, im Christentum in Kirchen und in der Mystik in Tempeln zelebriert. Es sind diese Rituale, die den Göttlichen Funken in *stetig gelindem Feuer* halten.

Wie die Thora, so wird auch der kabbalistische Lebensbaum als ein Modell der Welt in ihren sichtbaren und unsichtbaren Anteilen verstanden. In weniger metaphorischer Gestalt als die Thora selbst, enthüllt er die Struktur der Schöpfung und veranschaulicht Fall und Aufstieg allen Seins in einer geordneten grafischen Darstellung. Die omnipotente Existenz und die Unfehlbarkeit Gottes wird in der Kabbala vorausgesetzt. Der Begriff Existenz leitet sich ab von dem lateinischen Wort *existere*, in das Leben treten. *Thelema*, der Göttliche Wille, ist es, der durch seine Schöpfung in das Dasein schreitet. Im sakralen Verständnis dringt die Emanation Gottes wellenförmig aus der Transzendenz in die Immanenz vor; sie bewegt sich gleichsam aus dem Mittelpunkt der Verborgenheit an die Peripherie der Sichtbarkeit. Der Lebensbaum bildet diesen Vorgang nicht von innen nach außen ab, sondern von oben nach unten. Oben herrscht der Allerhöchste als Einheit, unten befindet sich die

Vielheit. Dazwischen dehnt sich eine Hierarchie aus, deren Aufgabe es ist, die Manifestation in allen Welten, den sichtbaren und den unsichtbaren, mit dem höchsten Willen zu temperieren. Auf diese Weise werden unablässige Kurskorrekturen durchgeführt, die nicht immer friedlich verlaufen. Alles Leid des Irdischen findet seine logische Erklärung in solchen Revisionen.

Was prinzipiell oben in der Dimension des Himmels geschieht, geschieht auch unten, es setzt sich stufenförmig fort. Unterschiede existieren nur in den Graden zunehmender Verdichtung von oben nach unten. Der oberste Bereich bildet die höchstmögliche Seinsform in feinster Schwingung, das Ende befindet sich unten in der niedrigsten und gröbsten Schwingung. Der Erdenmensch wohnt ganz unten in der Dichte materieller Vielheit, aber seine Seele besitzt Anteil an allen Graden der Schwingung, auch an der höchsten. Deshalb besteht die Sehnsucht nach einer Erhebung der Schwingung auf eine höhere, feinere Ebene. Stets blickt jeder Mensch gern hinauf, denn er ahnt über sich das Schöne!

Die Struktur des Baumes

Die 10 Sephiroth des Lebensbaumes stellen statische Qualitäten dar. Die 22 Mezzlas fließen als dynamische Pfade zwischen den Sephiroth. Zusammen bezeichnet man sie als 32 Pfade der Weisheit. Der Lebensbaum wird grundsätzlich von oben nach unten gelesen. Jede Sephirah entspricht einer Phase der Verdichtung, und alle sind miteinander verbunden.

Auf den ersten Blick zeigen sich drei Säulen. Rechts befindet sich die *Säule der Gnade*, auf der eine positive, männliche und barmherzige Grundstimmung vorherrscht. Diese Säule trägt die Sepiroth *Chokmah*, die Weisheit, *Chesed*, die Gnade, und *Netzach*, der Sieg.

Die *Säule der Strenge* befindet sich links außen. Hier versammeln sich überwiegend negative, weibliche und ordnende Qualitäten, die naturgemäß in Spannung zu der Säule der Gnade stehen. Auf dieser Säule sind folgende Sephiroth angeordnet: *Binah*, die göttliche Vernunft, *Geburah*, die Strenge und *Hod*, der Ruhm.

Die längste mittige Säule nennt man *Säule des Ausgleichs*. Sie ist von neutraler Qualität, nicht unterschieden in männlich und weiblich, aber beides in sich tragend. Die Säule des Ausgleichs wird – wie der ganze Lebensbaum – von *Kether*, der Krone, bestimmt. Es folgen, *Tiphareth*, die Schönheit, *Jesod*, das Fundament, und *Malkuth*, das Reich. Vor Tiphareth trennt der Schleier *Paroketh* die seelische Welt von der des Geistes. Paroketh heißt Vorhang im Hebräischen und entspricht dem Purpurvorhang, der im Salomonischen Tempel den vorderen Bezirk von dem Allerheiligsten separiert. In Exodus 26 heißt es in der Anweisung zum Bau der Stiftshütte, die den Israeliten auf der Wüstenwanderung als Kultraum diente: „Du sollst einen Vorhang machen aus blauem und rotem Purpur, Scharlach und gezwirnter feiner Leinwand."

Hinter der mittleren Säule befindet sich oberhalb auch die geheime Sphäre von *Da'ath*. Sie wird als Sephirah nicht mitgezählt. In der Überlieferung heißt es nämlich im Sepher Jezirah:

Zehn Zahlen ohne etwas,
zehn und nicht neun, zehn und nicht elf,

verstehe mit Weisheit und erkenne mit Einsicht,
prüfe durch sie und erforsche von ihnen,
wisse, rechne und zeichne.
Stelle die Sache in ihre Klarheit
und setze den Bildner auf seine Stätte,
denn er ist der einzige Schöpfer und Bildner
und nicht gibt es einen außer ihm.
Seine Attribute sind zehn und haben keine Grenze.

Die verborgene Sphäre von Da'ath sehen wir als Brücke über den Abyssus, der die sieben unteren Sephiroth von der göttlichen Triade Kether-Chokmah-Binah scheidet. Der Abyssus ist ein gefährlicher Abgrund, den niemand überwinden kann. Es sei denn, er steht aufgrund der Summe aus Erkenntnis und Demut in der Gnade des Allerhöchsten. Dann ist er berufen, den Plan Gottes, die Welt des göttlichen Waltens, das Numinose, unmittelbar zu erkennen. Nur in der Sphäre von Da'ath wird der Schleier gehoben, der die Glorie des Allmächtigen vor den Augen der Geschöpfe verbirgt. Aus der Sicht der Rosenkreuzer findet die Weihe auf Da'ath im Sterbevorgang statt. Jeder Frater und jede Soror bereitet sich ein Leben lang darauf vor, sich für diese Initiation würdig zu erweisen.

Die Vier Welten: Aziluth, Briah, Jezirah und Assia

Betrachten wir nun die Vier Welten. Die Säulen bilden drei Senkrechte im Lebensbaum. Waagerecht angeordnet sind die *Vier Welten*.

Aziluth bezeichnet die oberste Welt des Ursprungs, dazu gehört die erste Trinität Kether, Chokmah und Binah.

Darunter liegt *Briah*, die Welt der Schöpfung, mit der zweiten Trinität Chesed, Geburah und Tiphareth.

Gefolgt von der Triade Nezach, Hod und Jesod in *Jezirah*, der Welt der Formgebung.

Die vierte Welt ist *Assiah*, die Welt der Erscheinung; sie wird allein gebildet von Malkuth, dem unteren Königreich.

Jede der vier kabbalistischen Welten bringt einen Lebensbaum mit zehn Sephiroth hervor. Insgesamt ergeben dies vierzig Schichten der Emanation. Freilich zählen wir noch die zehn *Magischen Bilder* dazu, die jede Sephirah allegorisch beschreibt. So sprechen wir von fünfzig Toren zum Tempel der Weisheit, an deren jeweiliger Schwelle sich das Bewusstsein zu beweisen hat, bevor es Einlass in dem entsprechenden Erkenntnisraum findet. Als Sinnbild dafür kennen wir unsere Rose mit neunundvierzig Blütenblättern und dem göttlichen Mittelpunkt als fünfzigste Pforte. Im direkten Zusammenhang damit steht die Allegorie der neunundvierzig Jenseitstage im Tibetischen Totenbuch.

Der Baum in der Welt von Aziluth zeigt die Emanationen der Gottheit in zehn verschiedenen Gottesnamen. Dies beschreibt zehn Aspekte des höchsten Gottes. Anhand der Namen wird deutlich gemacht, auf welchen unterschiedlichen Ebenen dieselbe Kraft Gottes sich verströmt.

Die Welt von Briah strukturiert die Schöpfung von Aziluth auf einer Vorstellungsebene, ähnlich wie ein Architekt den Plan für ein Haus entwirft. Briah nennen wir auch die Welt der Archetypen und definieren sie durch den Baum mit zehn Erzengeln. Diese sind dem Willen Gottes als mächtige Streitmacht unterstellt. Mit unbeugsamer Macht verhelfen die Erzengel der Schöpfung zur Erfüllung. Ein jeder wirkt für ein Urprinzip, dem er sich unterstellt weiß. Erzengel sind Namen für Kräfte einer feinstofflichen Welt, geistreiche Kräfte, die kreativ sind. Man nennt sie Intelligenzien. Sie sind demnach intelligent, handeln also folgerichtig und bleiben geordnet in ihrem Ausdruck. Sie leisten etwas. Aber man sollte diese Engelmächte nicht vermenschlichen. Wir dürfen sie uns als menschenartige Wesen vorstellen, sie sind aber keine Personen, sondern kosmische Kräfte. Es ist allerdings durchaus möglich, mit diesen in Kontakt kommen. Dies geschieht nicht mit unseren persönlichen irdischen Anteilen, sondern mit der Seele durch magische Anrufungen. Damit werden wir in den kabbalistischen Ritualen der Abendländischen Tradition vertraut gemacht. Das Studium allein führt nicht zu einer Gewahrwerdung kosmischer Mächte. Es bedarf der heiligen Zusammenkunft in einem nach initiatischen Kriterien errichteten Tempel und einer brüderlichen Weihekette.

Die Welt von Jezirah ist die Welt der Formgebung und wirkt strukturierend auf das Erschaffene ein. Von ihrem Baum verströmt diese Welt zehn Engelscharen, die getreu im Dienst der Erzengel stehen und sich als Heerscharen hilfreich erweisen. Diese Engelscharen gestalten die Schöpfungen der Erzengel weiter durch. Deshalb ist Jezirah vergleichbar mit den Materialien, aus denen ein Haus gebaut wird. Wenn ebenso gesagt wird, Jezirah sei die Matrix, dann deshalb, weil Matrix eigentlich Gebärmutter oder Muttertier heißt. In diesem Sinne erkennen wir in Jezirah jenen Bereich, in dem die Schöpfung ihre embryonale Phase erlebt. Alle Anteile, die sich manifestieren sollen, trägt Jezirah bereits in sich.

In der Welt von Assiah erscheinen in den zehn Sephiroth Planetenprinzipien. Zusätzlich wird jede Sephirah durch archetypische Symbole verständlich. In Assiah erfassen wir die irdische Manifestation der oberen Welten. Malkuth bildet hier das Königreich des inkarnierten Menschen, der vor den verschlossenen Toren des Paradieses auf Jesod steht.

Diese Lebensbäume in den Vier Welten formen gemeinsam die Vielfalt der Schöpfung. Wohl dem, der die Weisheit nicht von unten, sondern von oben empfängt. Er versteht jede Kurskorrektur in seinem Leben als Fingerzeig der oberen Ordnung.

Aus den Vier Welten ergeben sich vier Seelenleiber. Ähnlich wie in der Lehre des Hinduismus oder des alten Ägyptens wird in der Kabbala die Seele in mehrere Schichten aufgeteilt, um das kosmische Sein verständlich zu machen. Da alle Teile sehr eng zusammen gehören und gemeinsam göttlichen Ursprungs sind, gibt es *Chaijah* als Oberbegriff der Seele an sich. Die jüdische Mystik unterscheidet in der Seele drei Seinsstufen und ein Gefäß.

Ganz oben in Aziluth ist die oberste Seele zuhause. Man nennt sie *Neshamah*, die Gottseele. Dieser Seelenanteil bleibt in den Regionen der göttlichen Glorie und nimmt nicht an dem Erdenleben teil.

In der Welt von Briah lebt *Ruach*, die Geistseele, die biblisch ausgedrückt *über den Wassern schwebt*, also über der Seelenperson, wie die ägyptische Bâ, die sich auf Abbildungen wie ein Vogel über den Leib erhebt. Ruach heißt Hauch oder Pneuma. Mit Ruach bezeichnet man das Gewölk zwischen der obersten und der unteren Seele. Die Ruach wird von der Neshamah gedrängt, sich zu ihr zu erheben, was die Ruach ohne Anbindung der Leibseele nicht zu tun vermag.

Die Leibseele, die *Nephesch*, befindet sich auf Jezirah. Dieser Seelenanteil inkarniert im Menschen, wie die Kâ der Ägypter. Zeitlebens erfährt die Nephesch Ansprache und Inspiration von der Ruach. Denn das Ansinnen der Ruach liegt in einer Vermählung mit der Nephesch. Dies vermag aber nicht zu geschehen, solange die Nephesch von der Körperlichkeit unterdrückt wird. Im schlimmsten Fall dringt die Erdenschlacke so stark in die Nephesch ein, macht sie so dicht, dass die Ruach als Rufer in der Wüste nicht mehr durchdringt.

Als vierte untere Struktur wird die *Guph* auf Assiah angeführt. Dies ist jedoch nicht mehr die Seele selbst, sondern lediglich ihre Hülle, eine Körperlichkeit, die Seelenhalle, in die sie sich begibt, um in ihrem Gefäß auf Erden zu leben.

Die drei Schleier des Absoluten

Über den zehn Sephiroth, oberhalb von Kether, ruht die unbegreifliche Wirklichkeit des Allerhöchsten, verborgen in den Schleiern des Absoluten. Gottes innerstes Wesen nimmt Einwohnung und bleibt dadurch unergründlich und unfassbar. In den drei Schleiern des Absoluten verbirgt Er sich. Gott verzichtet hier auf Seine Emanation und sogar auf Seine Existenz. Die drei Schleier sind grafisch angeordnet in drei Halbkreisen.

Der verborgenste Schleier heißt *Ayn* und kennzeichnet das von der Schöpfung am weitesten entfernte Nichts, die sogenannte Nichtetwasheit, die unerklärliche Existenz Gottes jenseits aller

Wahrnehmung und dem Verbot jeglicher Debatte. Gemeint ist die Allmacht Gottes in ihrer Eigenschaft als potentielle Urkraft, aber noch in Ruhe versunken, in tiefer Meditation, ohne Willen nur in sich selbst begründet, ohne Anfang und ohne Ende.

Der nächste Schleier, *Ayn Soph*, bedeutet das rotierende grenzenlose Nichts, wörtlich hebr. *En Sof*, es hat kein Ende. Hier liegt die keimende, aber noch verborgene Ursache der Gerinnung des Göttlichen Willens; es ist die vorläufige Zusammenziehung, eben jenes Zimzum, und der zaghafte Beginn einer Gewahrwerdung des höchsten Willens.

Den dritten Schleier bildet *Ayn Spoh Aur*, das erleuchtete heilige Nichts, das die Absicht des Seinwollens hervorbringt und beginnt, sich selbst erkennen zu wollen. Der Allmächtige erwacht aus seiner Meditation und geht über in das Sein von Kether, um sich stufenförmig zu verdichten, zu emanieren und zur Form zu gerinnen.

So weit haben wir uns die Struktur des Lebensbaumes vor Augen geführt. Bevor nun die einzelnen Sephiroth betrachtet werden, lesen wir, was der Sohar über den Werdegang der zehn Sephiroth überliefert:

„Herr der Welten, Du bist einer, aber nicht wie eine gezählte Einheit, Du bist erhaben über alles Erhabene, der Verborgenste aller Verborgenen; kein Begriff fasst Dich. Du brachtest zehn Formen hervor, die wir Zehn Sephiroth nennen, um mit ihnen verborgene, unsichtbare Welten und sichtbare Welten zu lenken. Du selbst verhüllst Dich in diese vor den Menschen, Du hältst sie zusammen, und Du bist ihre Einheit. Du bist es, der sie leitet, aber nichts leitet Dich, nichts oben und nichts unten und nichts von welcher Seite auch immer. Diesen Sephiroth hast Du Hüllen bereitet, von denen her die Seelen in die Körper der Menschen eingehen. Auch hast Du die Sephiroth mit Körpern umschlossen, die aber nur Körper genannt werden im Vergleich mit den sie umgebenden Hüllen, und sie entsprechen dem Organismus des Menschen.

Herr der Welten, Du bist der Grund aller Gründe und die Ursache aller Ursachen. Du wässerst den Baum aus jener Quelle, die wie die Seele im Körper überall Leben verbreitet. Du selbst aber hast weder Bild noch Gestalt in allem, was innen und außen ist. Du hast Himmel und Erde geschaffen, Oberes und Unteres, damit die Welten Dich erkennen, aber keiner kann Dich in Wahrheit begreifen. Wir wissen nur, dass es keine wahre Einheit gibt außer Dir, weder oben noch unten, wir wissen, dass Du Herr bist über alles. Jede Sephirah hat einen bestimmten Namen, nach dem auch Engel sich nennen. Du aber hast keinen bestimmten Namen, denn Du bist es, der alle Namen ausfüllt, und Du bist die Vollendung von allem. Zögest Du Dich zurück, blieben sie alle wie Körper ohne Seele.“ (Sohar)

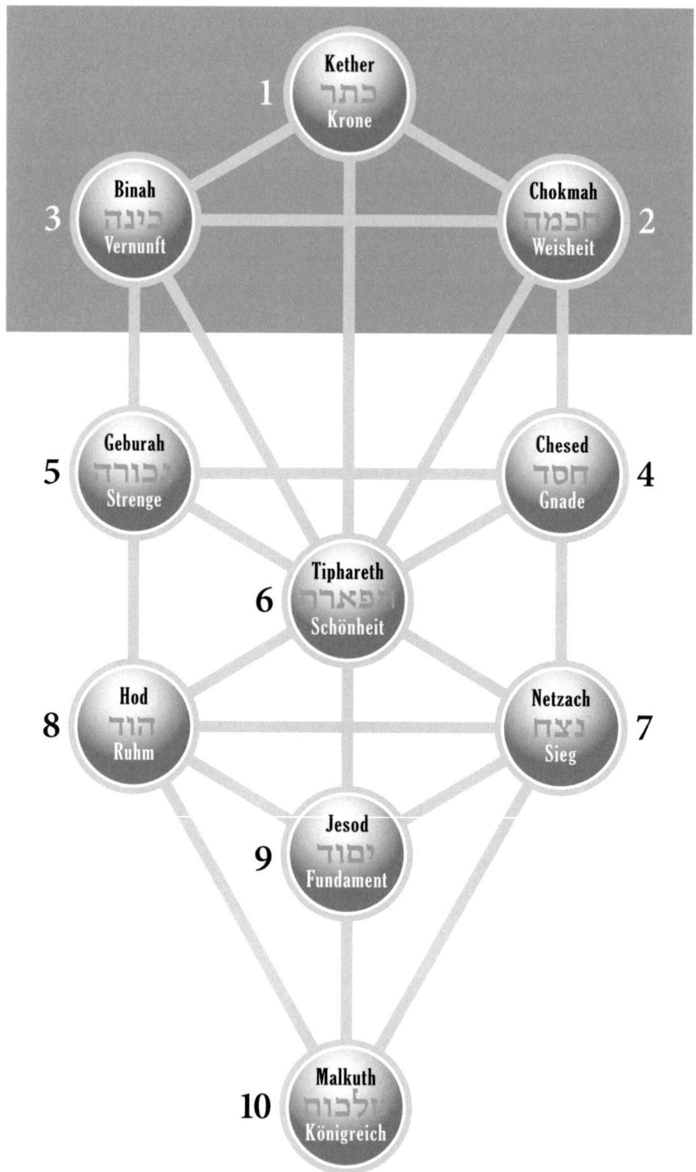

1 Kether כתר Krone
2 Chokmah חכמה Weisheit
3 Binah בינה Vernunft
4 Chesed חסד Gnade
5 Geburah גבורה Strenge
6 Tiphareth תפארת Schönheit
7 Netzach נצח Sieg
8 Hod הוד Ruhm
9 Jesod יסוד Fundament
10 Malkuth מלכות Königreich

Die Sephiroth Kether, Chokmah, Binah

Der Lebensbaum bildet den magischen Zweig der jüdischen Lehre des Geheimen, *Torat Ha Sod*, auch genannt Kabbala, Überlieferung. Die Betonung liegt auf Geheimlehre und Magie. Es ist nicht so sehr eine geheime Lehre, von der niemand etwas wissen darf, sondern vielmehr lehrt sie die verborgene Weisheit, die der Welten einziger Bestand ist. Magisch bedeutet in diesem Kontext, auch als Nicht-Rabbiner auf den Pfaden dieser Lehre eigene transzendente Erfahrungen haben zu können. In der von Vorschriften für den gelebten Alltag geprägten jüdischen Dogmatik ist dies nicht selbstverständlich.

Die kabbalistische Mystik wurde für Jahrhunderte insgeheim mündlich weitergegeben, bevor es im 11. und 13. Jahrhundert zu den Veröffentlichungen einiger Schriften und Diagrammen kam. Die bewusst eingesetzte Verschleierung brachte komplizierte oder sehr allegorische Texte hervor, die teilweise absichtlich den Blick der Ungeweihten abweisen oder sogar verwirren sollten. Die magisch-mystischen Elemente mussten geheimgehalten werden, da schon frühe Kabbalisten deswegen mit der Verfolgung aus den Reihen schriftgelehrter Rabbiner oder römischer Christen zu rechnen hatten.

Als magische Ergänzung stellt sich die Kabbala dem orthodoxen Judentum an die Seite, da dieses in steinerner Haltung festhält an dem einen unteilbaren, bildlosen, metaphysischen Gott. Dieser form- und gestaltlose All-Eine wird als ebenso barmherziger wie auch eifersüchtiger und bisweilen rächender Gott empfunden. Wann er das eine oder andere Gesicht zeigt, rekrutiert einzig aus seinem unantastbaren Willen und entzieht sich der menschlichen Beurteilung. Darin liegt ein gewisser Widerspruch, denn wie könnte der Allerhöchste, dessen Wesen die körperlose Einheit ist, einen Charakter haben und handeln? Ebenso bringt eine streng monotheistische Haltung eine gefühlte Trennung der menschlichen Seele von ihrem Ursprung mit sich. Und dies fördert ein gewisses Traurigsein im Erdenleben, das deswegen als Exil wahrgenommen wird.

Ähnlich wie die Rosenkreuzer vorchristliches Gedankengut über Mythologie oder Astrosophie in sich aufnehmen, überbrückt auch die jüdische Geheimlehre diese Kluft. Ohne das Bild des Allerhöchsten in seiner Omnipotenz beschneiden zu wollen, werden seine Zehn Emanationen auf vier Verdichtungsstufen benannt und in dem Bild des Lebensbaumes dargestellt. Mit diesem Denkmodell holten die Kabbalisten auf Umwegen den Polytheismus in ihr starres Religionsgefüge zurück.

Während orthodoxe Exegesen, wie z. B. der Talmud, ein intellektuelles Studium des Pentateuch waren, näherte sich die Mercavah-Mystik dem Thronwagen des Allerhöchsten durch Kontemplation und Meditation, wie dies der Prophet Ezechiel vermochte. Seither begrüßt die Kabbala ihre Schüler mit der Aufforderung, den Cherubenthroner freudigen Herzens inwendig zu erschauen. Allerdings achten die Kabbalisten genau darauf, die Thora mit in die Kontemplation einzubeziehen, wie dies im Sohar, im Buch den Glanzes, nicht zu übersehen ist. Um den Sohar rankt sich eine wunderbare Legende, in der es heißt: Dem Patriarchen Abraham enthüllte der Schöpfer die Wunder des menschlichen Lebens, und der Stammvater vererbte die Offenbarungen einigen Würdigen und Gerechten weiter, woraus über viele Generationen der Sohar entstanden sei, der damit keinem Autoren zugeordnet werden könne.

Herausragend war jedoch *Rabbi Akiba* der Kabbala auf das Innigste verpflichtet; er ergänzte den Sohar und scharte viele Schüler um sich. Im ersten Jahrhundert nach Christus verfolgten die Römer die Kabbalisten aus Angst vor deren geistiger Größe und töteten vierundzwanzig Tausend Männer von ihnen. Auch Akiba wurde gefoltert und umgebracht. Um die Lehre zu retten, versteckte sich einer seiner Schüler namens *Schimeon ben Jochai* dreizehn Jahre in einer Höhle. Dort bearbeitete er den Sohar auf der Basis einer aramäischen Hinterlassenschaft von Rabbi Akiba. Unter Beihilfe seines Sohnes *Elasar* und nachfolgenden Rabbinen fanden diese Manuskripte ihren Weg zu den Suchenden. Da es erforderlich war, die mystischen Schriften zu verbergen, gingen sie schließlich gänzlich verloren. Erst im dreizehnten Jahrhundert wurden Blätter mit den Texten des Sohar zufällig als Packpapier auf einem arabischen Fischmarkt wiedergefunden und danach neu aufgeschrieben und ergänzt. Um die Überlieferung des Rabbi Akiba zu erhalten, veröffentlichte *Moshe de Leon* im dreizehnten Jahrhundert den Sohar. Dreihundert Jahre später trat *Rabbi Yitzak Luria* auf den Plan und ging als *Ari*, das heißt auf hebräisch Löwe, in die Geschichte ein. Der grafisch sehr geordnete Lebensbaum, wie wir ihn kennen, geht auf eben diesen Ari zurück.

Solche überlieferten Legenden aus Dichtung und Wahrheit lenken unser Augenmerk darauf, wie sehr sich die eigentlichen Quellen jeder Geheimlehre im Unsagbaren der Historie verlieren.

Für viele glaubenstreue Juden nimmt die Kabbala den Status einer verbotenen Frucht ein, und man schenkt ihr keine Erwähnung in den Synagogen. Dahinter stehen uralte Warnungen, wie die häufig zitierte Gefährlichkeit für junge Menschen und für Frauen jeden Alters. Die Annahme Schaden nehmen zu können durch das kabbalistische Studium entspringt der Tatsache, dass es einer ethischen Reife bedarf, auch nach eindrücklichen metaphysischen Erfahrungen dem Kosmos gegenüber eine bescheidene Gesinnung aufrecht erhalten zu können.

Auf welchem Niveau wir uns der Kontemplation von Gottesnamen und Engelmächten auch nähern, der Baum des Lebens führt uns – weniger mit dem Intellekt und mehr mit dem Herzen – an den allerfeierlichsten Ort des Bewusstseins. Und dort werden uns Offenbarungen und Visionen zuteil, die uns stufenweise Einsicht gewähren in den Plan Gottes. Die Ermahnungen sind dahingehend berechtigt, dass es zu jeder Zeit wichtig bleibt, sich nicht von Visionen in den Abgrund voreiliger Selbstüberschätzung treiben zu lassen, denn innere Bilder strömen nicht ausschließlich von höherer Warte in unsere Imagination ein, sie können auch sehr persönliche Konstrukte sein und in einen eingebildeten Zustand führen, der sich bis zum Größenwahn ausdehnen kann. Mit einer nüchternen Selbstbetrachtung bleibt es trotz bildhafter Offenbarungen möglich, stets zurückzukehren zu wahrer Demut vor dem Allerhöchsten.

Der Lebensbaum errichtet ein Haus für Gottes Wort. Er wird dadurch zu einem hoch hinauf weisenden Tempel und verleiht unserer Erhebung Flügel. Einen deutlich erkennbaren Hintergrund der sephirotischen Hierarchie eröffnet das *Sepher Jezirah*, das Buch der Schöpfung, das seit dem ersten Jahrhundert bekannt ist und legendär auf Abraham zurückgeführt wird. Es folgt hier das erste Kapitel.

„In zweiunddreißig verborgenen Bahnen der Weisheit zeichnete Jahwe seinen heiligen Namen, JHVH Zabaoth, der Gott Israels, der lebendige Gott und König der Welt, der allmächtige, barmherzige und gnädige Gott, hoch und erhaben ist er und ewig thronend in der Höhe, erhaben und heilig.

Er schuf seine Welt durch drei Zahlprinzipien: Zahl, Zähler und Gezähltes.

Zehn Zahlen ohne etwas und zweiundzwanzig Grundbuchstaben: drei Mütter, sieben doppelte und zwölf einfache.

Zehn Zahlen ohne etwas, entsprechend den zehn Fingern, fünf gegenüber fünf und die Bündniszeichen in der Mitte: Das Wort an der Zunge und die Beschneidung am Phallus.

Zehn Zahlen ohne etwas, zehn und nicht neun, zehn und nicht elf, verstehe mit Weisheit und erkenne mit Einsicht, prüfe durch sie und erforsche von ihnen, wisse, rechne und zeichne.

Stelle die Sache in ihre Klarheit und setze den Bildner auf seine Stätte, denn er ist der einzige Schöpfer und Bildner und nicht gibt es einen außer ihm. Seine Attribute sind zehn und haben keine Grenze.

Zehn Zahlen ohne etwas, ihr Maß ist zehn, sind aber grenzenlos. Da sind eine Dimension des Anfangs und eine

Dimension des Endes, eine Dimension des Guten und eine Dimension des Bösen, eine Dimension der Höhe und eine Dimension der Tiefe, eine Dimension des Ostens und eine Dimension des Westens, eine Dimension des Nordens und eine Dimension des Südens und ein einziger Herr, Gott der treue König, herrscht über sie alle in seiner heiligen Wohnung bis in alle Ewigkeit.

Zehn Zahlen ohne etwas, ihr Aussehen wie die Erscheinung des Blitzes, ihr Ziel ist endlos, sein Wort ist in ihnen im Hin- und Herlaufen und auf seinen Befehl eilen sie wie ein Sturmwind und vor seinen Thron werfen sie sich nieder.

Zehn Zahlen ohne etwas, ihr Ende schließt sich an ihren Anfang und ebenso ihr Anfang in ihrem Ende, wie die Flamme an die Kohle gebunden ist. Wisse, rechne und zeichne, einzig ist der Herr und einzig ist der Bildner und hat keinen zweiten. Welche Zahl kannst du nennen vor der Eins?

Zehn Zahlen ohne etwas, verschließe deinen Mund, dass er nicht rede und dein Herz, dass es nicht denke und wenn dein Mund zu sprechen und dein Herz zu denken beginnt, so kehre wieder zum Ausgangspunkt zurück. Denn deswegen heißt es: Um dieser Sache willen ist ein Bündnis geschlossen.

Zehn Zahlen ohne etwas.

Eins, der Geist des lebendigen Gottes, bereitet ist sein Thron seit jeher, gesegnet und gepriesen sei sein Name, der da in alle Ewigkeiten lebt, ewig und immerdar, Stimme, Geist und Wort. Dies ist der Geist des Heiligen, sein Anfang hat keinen Beginn und sein Ende hat keine Grenze.

Zwei, Luft aus Geist, er zeichnete und hieb darin zweiundzwanzig Grundbuchstaben: drei Mütter, sieben doppelte und zwölf einfache und jeder von ihnen ist Geist.

Drei, Wasser aus Geist, er zeichnete und hieb darin zweiundzwanzig Buchstaben aus Wüste, Leere, Schlamm und Lehm. Er zeichnete sie nach Art eines Beets, er meißelte sie nach Art einer Mauer, er bedeckte sie nach Art eines Baues, er goss über sie Schnee, und es wurde daraus Erde. Denn so heißt es: Er sagte zum Schnee: Werde Erde!

Vier, Feuer aus Geist und er zeichnete und schnitt daraus den Thron, die Ophanim und Seraphim, die heiligen Tiere und die Dienstengel. Und über ihnen gründete er seinen Wohnsitz, denn so heißt es: Er macht seine Engel aus Geistern und seine Diener aus Feuerflammen. Er wählte drei Buchstaben von den einfachen, das ist ein Geheimnis der drei Mütter Aleph, Mem und Shin, setzte sie in seinen großen Namen und versiegelte mit ihnen sechs Enden.

Fünf, er versiegelte die Höhe, wandte sich aufwärts und versiegelte sie mit JHV.

Sechs, er versiegelte die Tiefe, wandte sich nach unten und versiegelte sie mit Jod Vav Heh.

Sieben, er versiegelte den Osten, wandte sich nach vorn und versiegelte ihn mit Heh Jod Vav.

Acht, er versiegelte den Westen, wandte sich nach hinten und versiegelte ihn mit Vav Heh Jod.

Neun, er versiegelte den Süden, wandte sich nach rechts und versiegelte ihn mit Vav Jod Heh.

Zehn, er versiegelte den Norden, wandte sich nach links und versiegelte ihn mit Heh Vav Jod.

Diese sind die zehn Zahlen ohne etwas: Name und Geist des lebendigen Gottes, Luft, Wasser, Höhe, Tiefe, Osten, Westen, Norden und Süden.“ (Sepher Jezirah)

Der Baum von Aziluth trägt zehn verschiedene Namen des einen Gottes und bildet eine erhabene Meditationsgrundlage. In einem Tempelritual der Mercava-Mystik kleideten sich die Teilnehmer in weiße Gewänder, auf denen die Namen der göttlichen Emanationen geschrieben standen. Die prächtigen Roben verliehen den Rezitationen der Gottesnamen besondere Macht, weshalb es den Zelebrierenden gut gelingen konnte, in der Kontemplation über einen der Namen sehr tiefe Schichten ihres Bewusstseins zu erreichen und in die Meditation einzutauchen, ohne den jeweiligen Namen zu verlieren.

Die Sephirah Kether

Der folgende überlieferte Mercava-Hymnus führt uns zu der ersten Sephira, zu Kether:

Eingehüllt in Glanz, bekrönt mit Kronen,
preise den Herrn auf Seinem Flammenthron.
In Gegenwart der Ewigkeit,
in geheimer Herrlichkeit der innersten

Kammern stelle Deine Posten auf.
Und siehe, die Flamme umgibt Ihn, ein loderndes Feuer
brennt rings um Ihn mit glühenden Kohlen.

Dieser Ritualtext und ähnliche Bildüberlieferungen der Kabbala lassen uns inhaltlich die Nähe zu den gnostischen Aeonen und der Johannes-Offenbarung ahnen. In der Thronwagenmystik wird die Warnung ausgesprochen, wer engherzig und ohne Anbetung des Königs der Könige die Mercavah besteige, werde von Türhütern zurückgehalten. Ehrfurcht einflößend treten die Wächter hervor; sie tragen scharfe Schwerter in den Händen, grelle Blitze zünden aus ihren Augen und Feuersbrunst strömt von ihren Nüstern, um alles frevelhafte, eigennützige Ansinnen von dem Thronwagen fernzuhalten.

Betrachten wir in der Folge die höchste Dreiheit von *Kether, Chokmah, Binah*. Erweiternd zu dem Einheitsgott offenbart der Lebensbaum hier die ersten drei Schritte der göttlichen Emanation, die keineswegs getrennt von ihrer Quelle existieren, sondern Attribute des höchsten Gottes aufzeigen, um sein Wirken für uns verständlich zu machen.

Kether steht oben als höchste Sephirah auf der mittleren Säule des Ausgleichs. Vor der Schöpfung gab es die zeit- und formlose Nichtetwasheit in den drei Schleiern des Absoluten. Dies war ein unbegrenztes Sein ohne Selbsterkenntnis. Durch die allmähliche Lichtwerdung des Absoluten erwacht Kether aus tiefer Meditation und wird von *Sekhel Mufla*, von mystischem Bewusstsein, erfüllt. Im Lebensbaum stellt sich Kether als weißstrahlende Sphäre aus den drei Schleiern heraus, hüllt sich in Perlglanz ein und überstrahlt den Baum mit überirdischer Glorie.

Synonyme für den Höchststand des Bewusstseins sind: Das reine Sein Gottes, das unergründliche Haupt aller Existenz, die verborgenste Intelligenz, der Verborgenste der Verborgenen, der Älteste der Alten, König der Könige und herrlichste Herrlichkeit. Kether gleicht einem Punkt, der im Begriff steht, Dimension anzunehmen, um sich selbst zu erkennen. Auf der höchsten Wahrnehmungsstufe der Selbsterkenntnis wird Kether als Ursprung der ausströmenden sowie als Ziel der zurückkehrenden Seinsformen erkannt.

Da Kether der Zahl Eins angehört, repräsentiert diese Sephirah die Einheit. Kether selbst ist noch nicht als dual zu bezeichnen. Der Unterschied von Gott und Göttin entsteht erst im Werdegang der Schöpfung. Kether bewegt sich nicht, Kether vibriert! Kether selbst macht nichts, Kether ist etwas. Was aber etwas ist, das will auch wissen, was es ist. Also stellt sich das Seiende einen Spiegel nach außen, um sich selbst zu sehen. Der ganze Lebensbaum wird damit zu einem Spiegel von Kether. Folglich kann man Kether erst dann verstehen, wenn man den ganzen Lebensbaum kennt.

Um sich selbst erkennen zu können, muss die Einheit etwas aus sich herausgeben, aber sie kann selbst dadurch nicht zur Vielheit werden. Wie in der Spiralbewegung der Swastika verweilt Kether in dem bewegungslosen Mittelpunkt. Deshalb besteht in Kether stets die intakte Welt Gottes. *Dei Gloria intacta*, so heißt die Herrlichkeit von Kether in der Fama Fraternitatis auf dem runden Altar in der siebeneckigen Kammer R.C.

Das magisches Bild von Kether ist der thronende alte gekrönte König im Halbprofil. Im Sohar erfahren wir, der König der Könige habe nur eine rechte Seite. Zu erklären ist dies durch seine Nähe zum Ayn, zum Nichts. Die andere Seite bleibt uns abgewandt und unverständlich, weil wir Kreaturen sind, für die das gestaltlose Nichts unerkenntlich bleibt, da es dafür in uns keine Wahrnehmungsorgane gibt. Alt ist der König dargestellt, um unseren Respekt vor ihm nicht zu verlieren. Bärtig muss er sein, da die Juden weder Barthaare noch Schläfenlocken schneiden. Im dritten Buch Mose, in Levitikus, heißt ein Gebot im 19. Kapitel: „Ihr sollt nicht rund abnehmen die Seitenenden eures Haupthaares und nicht zerstören die Enden eures Bartes."

Kether in der Welt von Aziluth trägt den Gottesname EHIJEH. Der Name offenbart einen Ich-bin-Seinszustand in immerwährender Bewegung. Ich bin, der ich bin – das meint sinngemäß: ich bin der, der sich immerfort manifestiert. Im Sohar finden wir eine weitere Erklärung zu EHIJE (Sohar III, 257b): „Ich, der Ich über allem Begreifen und Verstehen stehe; Ich, der Ich mit keinem Worte oder Namen beschrieben werden kann, Ich bin, der Ich bin."

Mit dem Namen *Ehijeh* hat sich Gott aus dem brennenden Dornbusch seinem Propheten Mose offenbart. Mose wäre demnach bis Kether auf Aziluth vorgedrungen. Sein Buch Exodus mit den unzähligen Vorschriften und den Gesetzestafeln gilt deshalb als von der höchsten Sphäre initiiert. Das erste Wort, das vom Berge Sinai herunterschallte war *Anochi* – hebräisch „Ich". Ich bin der Herr, dein Gott. Das erste Wort des ersten Gebotes ist folglich die Überschrift des ganzen Dekalogs, der Zehn Gebote. Der Midrasch bemerkt, dass Anochi bereits ein ägyptisches Wort war und dort auch schon für den Begriff der Individualität stand. Anochi deutet das höchstmögliche Attribut Gottes an – das Absolute!

Kether auf dem Baum von Briah wird von dem *Erzengel Metatron* bewohnt, das bedeutet Fürst der Fassung. Griechisch, *meta thronos*, deinem Thron nahestehend. Metatron ging aus dem glorifizierten Henoch hervor.

In der Genesis wird im fünften Kapitel gesagt: „Henoch zeugte Söhne und Töchter, und er lebte 365 Jahre. Und weil er mit Gott wandelte nahm ihn Gott hinweg und er ward nicht mehr gesehen."

Die Seele des Henoch war aus himmlischer Höhe herabgestiegen, bekleidete sich mit dem Menschen und erfüllte die Bedingungen der Erde. Nach seiner Erhebung wird er zu Metatron, der Gottes Thron nahe bleibt. Henoch bedeutet hebr. *chanak*, einweihen. Durch Einweihung kann der Thron Gottes erreicht werden. Henoch, dem Eingeweihten, stellt sich also die Aufgabe, nach einem langen Weg über das Erdenrund Metatron zu werden. Als Metatron erhebt sich jemand, der ohne durch den Tod zu gehen, die höchste Stufe der Wiedergeburt erreicht hat.

Metatron wird auch als Lehrer des Propheten Mose bezeichnet. Mose empfängt von Metatron die Weisheit der Kabbala. Kabbala weist also den Weg zu Kether, ohne durch die Pforte des Todes zu schreiten.

Merken wir uns das Folgende gut: Es ist ganz sicher unmöglich, Metatron anzurufen, um ihn zu bitten, vor uns zu erscheinen. Aber durch das Anrufen des Metatron seitens eines bereits bis in die höchsten Sphären bekannt gewordenen Magiers, bedient sich die Kraft Metatrons seiner in jenem Maße, die dem Magus entspricht, und lässt ihn für seine Belange auf Erden handeln. Zu erfahren ist dies an den Hohenpriestern in einem

Tempelritual. Anfänglich üben sie den Ritualdienst vielleicht nur aus, weil es jener zu tun hat, dessen Gestalt, Stimme und Belastbarkeit dem Amt entspricht. Und doch geschieht nach dreijähriger Amtszeit durch die regelmäßigen Anrufungen der Gottesnamen ein inneres Geheimnis mit ihnen, das ihrem Wesen anhaftet wie ein leuchtender Mantel, der sich auch jedes Mal über die anderen Anwesenden im Ritual ergießt.

Kether auf dem Baum von Jezirah beherbergt die *Chaioth Ha Qodesh* Dies sind die vier überirdischen Geschöpfe, Stier, Löwe, Adler und Engel. Sie stehen für die Vier Elemente, gänzlich rein ohne jede physische Form, und gehen über in die kanonischen Evangelisten der Christen: Lukas, Markus, Johannes und Matthäus. Auch das fixe Kreuz der Einweihung im Tierkreis erstreckt sich über diese vier Zeichen.

Kether auf dem Baum von Assiah wird erfüllt von Symbolen, die mit dem Sein von Kether verwandt sind. Das Hauptmerkmal ist das Primum mobile, die Prima causa, die erste und einzige Ursache der Schöpfung. Hinzu kommen andere Symbole: Der Punkt, ein Spiralnebel, die Swastika, das Rad des Chakra, der Feuerfunke, die Krone und der Glanz der Perle.

In der Körperzuordnung wählt man für Kether das Kronenchakra, das sich oberhalb der Schädeldecke befindet. Dieses hochsensible psychische Zentrum wird als Herberge für den Göttlichen Funken definiert. In diesem Scheitelchakra finden wir den intensivsten Berührungspunkt von Mikrokosmos Mensch und Makrokosmos Gott. Wegen der *Dei Gloria intacta* mag es wohl allein der Gottesfunke sein, der an dem Thron der Herrlichkeit erkannt wird und deshalb dorthin zurückkehren möchte – bereichert um die Erfahrungen im Reich der Schöpfung.

Als Farbe wählt die erste Ursache weißstrahlend. Jede Brillanz, die dem Perlenglanz gleichkommt, versinnbildlicht die höchste Glorie des Unbegreiflichen, die rein ist und unschuldig wie die Farbe Weiß.

Die Sephirah Chokmah

Die zweite Sephirah ist *Chokmah*, das bedeutet Weisheit. Chokmah bestimmt die männliche Säule der Gnade. Was ist Gnade? Es gibt eine vorgegebene Struktur. Ein Gesetz. Dagegen zu verstoßen bringt Ärger ein. Nur im abgestimmten Verhalten offenbart sich das Gesetz als Gnade. Verwenden wir musikalische Gesetze als Beispiel, so lässt sich ein harmonisches Zusammenspiel eines Orchesters erreichen. Verstößt die erste Geige dagegen, entsteht Missklang und das Gesetz greift ein. Der Dirigent wird ungnädig und korrigiert. Stimmt sich die Geige wieder korrekt ab, so wird die Harmonie als herrliche Musik gehört. Aurelius Augustinus sagte über die Gnade: „Das Gesetz wird durch den rechten Glauben nicht ausgehöhlt, sondern erfüllt. Und nur der gesetzestreue Gläubige – der religiös Wissende – empfängt die Gnade. Die Gnade heilt den Willen, sodass das richtende Recht, die richtende Macht Gottes, aus freiem Willen geliebt wird."

Chokmah bleibt Kether am nächsten, und da Chokmah sich in derselben Trinität mit Kether verbunden weiß, existiert keine Trennung in der Übereinstimmung der beiden. Wir erkennen, wie die Weisheit Kethers in Chokmah Gestalt und Absicht annimmt. Gleichsam als Beginn der Schöpfung strömt Chokmah aus Kether hervor.

Chokmah erkennt das Wesen Kethers vollständig und erwacht deshalb zum Schöpfungsgenius. Chokmah verdichtet Kether in erneuerter Ausdrucksform und begründet Thelema, den Willen des Allmächtigen. In übergroßer und überirdischer Potenz kommen folgende Synonyme für Chokmah in Betracht: Kosmische Potenz, Fülle, Gnade, Heiliges Licht, innewohnende Seligkeit, heiliger Odem, schöpferische Inspiration und Illumination.

Chokmah wird auch ABBA genannt, das bedeutet Vater. Denn in Chokmah begegnen wir dem göttlich beauftragten Demiurgen, dem Baumeister der Welt. Chokmah begründet den Logos des All-Einen. Das Wort wird von dem Motor des Lebens hervorgebracht, damit es sich manifestieren kann. In Psalm 104 lesen wir: „Du hast alles mit Weisheit erschaffen!"

Der Sohar merkt an, die Weisheit durchdringe den Menschen, damit er zuerst seinen Schöpfergott, nämlich Chokmah, und darüber hinaus auch die unergründliche Herrlichkeit seines höchsten Gottes zu erkennen vermöge.

Erfrischende, belebende Erneuerung sprudelt unablässig aus Chokmah hervor. Das mystische Himmelsfeuer von Chokmah reinigt das Überlebte. Nur von hier aus vollzieht sich die wahre Erneuerung der Welt. Durch die Gnade himmlischer Impulse geschieht von Chokmah ausgehend fortwährend eine vollständige Regeneration der Schöpfung.

Wenn wir als Erdenmenschen eine Korrektur durch das Schicksal erfahren, so hat dies mit Chokmah zu tun, weil sich die Hierarchie ständig abgleicht mit dem Plan von Chokmah. Verstoßen wir gegen das, was oben gewollt wird, erfolgen heftige Dementis von Seiten des Kosmos, und wir erfahren dies als Korrektur unserer Absicht. Verharren wir in verkehrter Haltung, kommt so lange Leid über uns, bis unser persönlicher Wille ausgetilgt ist.

In Chokmah begegnen wir der ganzen Wucht Gottes, sinnbildlich dem zeugenden Phallus Gottes, der kraftvollen feurigen Potenz. Alle feurige Kraft der Welt hat seinen Ursprung in Chokmah. Bis zu Chokmah muss ein Gottessohn hinaufkommen, will er das wahre Göttliche Feuer herabholen. Denn nur Chokmah besitzt den Stab der Kraft, der die Richtung weist für die Doxologie: *Für das, was jemals geschah, was jetzt geschieht und was immer geschehen wird.*

Das magische Bild von Chokmah zeigt deshalb auch den potenten, zeugungskräftigen Logos. Der Archetyp eines aufrecht stehenden Mannes mit Bart und kraftvollem Phallus beschreibt den mutgewaltigen Charakter des Demiurgen.

In der Welt des Ursprungs, in Aziluth, lautet der Gottesname JHVH. Daraus wird außerhalb des Judentums *Jahwe* oder *Jehova* gebildet. Dieses Tetragrammaton, dieser vierbuchstabige Name, versinnbildlicht die Viererstruktur der Welt, die im Grunde eine Dreierstruktur ist, da die Vier der Eins entspricht bzw. das zweite Heh dem ersten Heh. In *Jod Heh Vav Heh* offenbart sich die Trinität Gottes, erweitert um das Geschenk der Manifestation an die Menschen. Luther hat JHVH jeweils mit „Der Herr" übersetzt. In fast allen Sprachen besitzt das Wort für Gott vier Buchstaben. Wird es, wie im Englischen, modernisiert von *Good* zu *God* mit einem O, sagt das Volk Lord und kehrt damit zu der Viererform zurück.

JHVH gilt als unaussprechlich für menschliche Lippen. In der jüdischen Überlieferung heißt es, nur der Hohepriester Aaron habe es leise im Allerheiligsten des Stiftzeltes unter Ausschluss der Israeliten ausgesprochen. Deshalb bildet es die Aussprache dieses Namens, die ein jeder Kabbalist sucht. Irgendwann wird der Adept jedoch merken, das diese Aussprache ganz sicher nicht einfach als lautmagischer Akt zu verstehen ist, sondern vielmehr einen Seinszustand erfordert, der vollkommen verschmolzen ist mit dem Willen Gottes. Wo der Unterschied zwischen Gott und Mensch wegfällt, erschafft JHVH das Ebenbild Gottes.

Im Christentum fügt man in das Tetragrammaton den feurigen Buchstaben Shin ein und umringt nun dieses Konstrukt mit den fünf Silben des Te-tra-gramm-at-on und will damit sagen, *Jehoshua*, der heilige Mensch und *Jod Heh Vav He*, die göttliche Vierheit sind eins – Vater und Sohn, also Gott und Logos, sind eins. Dieser christliche Zusammenhang lässt uns die schöpferische Einzigartigkeit von Chokmah erkennen.

Da man JHVH nicht aussprechen kann, bedient man sich in der Kabbala eines Ersatznamens, wenn die Kraft von Chokmah fließen soll. *Adonai*, der Herr, steht stellvertretend für JHVH. Darum ruft der Magier Adonai an. „A-DO-NA-I" intonierend gesungen bringt unter günstigen Voraussetzungen in Kontakt mit der Schwingung von Chokmah. Wenn der Magier für diese Kraft schon bereit ist, erhält er seinen Anteil der Kraft von Chokmah, der aber nur so groß sein wird, wie er ihn verkraften kann.

Auf Chokmah in Briah, der Welt der Schöfung, herrscht der *Erzengel Raziel.* Der Name bedeutet: Einer der von Gott ausgesandt ist. Demnach ist Raziel ein Herold. Er verkündet die Gesetze des Königs bis in die entferntesten Ecken des Königreichs. Raziel untersteht dem Willen Gottes, Thelema, in vollständiger Übereinkunft. Raziel erscheint uns vor dem inneren Auge in eindrucksvoller Gestalt. Er steht auf Beinen wie Säulen, trägt ein Antlitz wie die Sonne, und sein Leib gleicht dem Gewölk von Ruach. Raziel wohnt auf dem Berg Horeb und verkündet täglich Gottes Willen in die Atmosphäre hinein; dieser setzt sich wellenförmig weiter fort und verdichtet sich stufenweise.

Einer hebräischen Legende zufolge kümmert sich der Erzengel Raziel liebevoll um den aus dem Paradies vertriebenen Adam und schenkt ihm ein Buch mit den Gesetzen der kosmischen Schöpfungsordnung. Der Lauf der Gestirne und andere kosmischen Gesetze sind darin aufgezeigt. Durch die Beobachtung dieser Gesetze wird es Adam möglich, die Richtlinien des Universums zu erkennen und diese auch in seinem Leben wiederzufinden, was ihm den Schmerz der Vertreibung lindert. Das Buch wird weitervererbt in einer Kette.

Noah, Henoch, Abraham, Isaak, Jakob, Levi, Mose, Josua bis hin zu König Salomo sind im Besitz dieses Buches. König Salomo, ein Archetypus der Weisheit, errichtete einst den ersten Tempel in Jerusalem. Das Buch wird stets im Allerheiligsten, im Adyton, aufbewahrt. Alle echten Einweihungsströmungen verfügen über dieses Buch, denn es ist kein zusammengebundenes Papier, sondern eine Stufe der Erkenntnis. Wenn ein Mensch die Weisheit gefunden hat, ist der Schleier von seinen Augen genommen und er sieht statt der irdischen Formen die Bausteine von Briah, derer sich der Schöpfer bedient. Für den Adepten der Rituellen Magie hat sich der Herold Gottes bis in die materielle Welt hinein kundgetan. Jeder, der dem heroldischen Rufe folgt, vernimmt eines Tages den Ruf Raziels. Damit endet für ihn aller Widerspruch des Erdenlebens, und in sein Herz kehrt wahrer innerer Frieden ein.

Chokmah auf Jezirah, der Welt der Formgebung, wird von den Heerscharen der Engel *Ophanim* erfüllt. Diese sind als Räder gedacht. Räder setzen ihre Bewegung wirbelnd in den Raum fort. Es wird gesagt, jeder Ophanim gleiche vier ineinander angeordneten Rädern. Wie bei allen Heerscharen gibt es davon Myriaden, also unzählige. Die Ophanim helfen Raziel, den Willen Gottes in die Welt hineinzudrehen. Raziel kennt den Willen von Adonai und sendet ihn wellenförmig aus. Und die Heerscharen der Ophanim sorgen für die weltweite Durchdringung mit dem höchsten Willen. In einstimmiger Weise arbeiten sie zusammen mit den vier heiligen Wesen an Gottes Thron, den Chaioth Ha Qodesch, die Kether auf Jezirah innewohnen.

Der Prophet Hesekiel beschreibt diese Metapher in seiner Offenbarungsschau im ersten Kapitel, Vers 15-21: „Als ich die Gestalten sah, siehe, da stand je ein Rad auf der Erde bei den vier Gestalten, bei ihren vier Angesichtern. Die Räder waren anzuschauen wie ein Türkis und waren alle vier gleich, und sie waren so gemacht, dass ein Rad im andern war. Nach allen vier Seiten konnten sie gehen; sie brauchten sich im Gehen nicht umzuwenden. Und sie hatten Felgen, und ich sah, ihre Felgen waren voller Augen ringsum bei allen vier Rädern. Und wenn die Gestalten gingen, so gingen auch die Räder mit, und wenn die Gestalten sich von der Erde emporhoben, so hoben die Räder sich auch empor. Wohin der Geist sie trieb, dahin gingen sie, und die Räder hoben sich mit ihnen empor; denn es war der Geist der Gestalten in den Rädern. Wenn sie gingen, so gingen diese auch; wenn sie standen, so standen diese auch; und wenn sie sich emporhoben von der Erde, so hoben sich auch die Räder mit ihnen empor; denn es war der Geist der Gestalten in den Rädern.“

Auf dem Baum von Assiah gehören zu Chokmah das Urprinzip *Uranus*, der senkrechte Stab, der aus dem Punkt von Kether hervorgeht, sobald sich dieser in eine Richtung nach oben vorwärtsbewegt. Die Vollkommenheit Gottes zeigt sich im Zodiak, im mundanen Tierkreis. Auch der sprießende Zweig ist ein willkommenes Symbol für die Lebendigkeit und die absichtsvolle Fortsetzung von Chokmah. Die Blickrichtung, die Ausatmung, die Ejakulation, die Lichtstrahlen, jegliche Ausstrahlung und jedes Wachstum, kurzerhand alles, was von einem inneren Kern nach außen drängt – das sind Schaubilder für Chokmah!

Als Körperzuordnung wählen wir die linke Schläfe für die zweite Sephira. Und die Farbe ist Silbergrau, als Zeichen der allmählichen Gestaltwerdung des reinweißen Glanzes der ersten Sephira.

Die Sephirah Binah

Die ersten drei Schöpfungsschritte im Baum des Lebens erklären jene der Genesis. Dort heißt es:

Finsternis lag auf der Urflut
und der Geist Gottes schwebte über den Wassern.
Und Gott sprach: Es werde Licht!
Und es ward Licht.

Und Gott sah, dass das Licht gut war,
und Gott schied das Licht von der Finsternis
und nannte das Licht Tag und die Finsternis Nacht.

Die Säule der Stärke wird von *Binah*, der göttlichen Vernunft, bestimmt. Die erste Schöpfung von Chokmah ist Binah. Chokmah stellt gleichsam das formgebende Prinzip des Weiblichen als Binah nach draußen, macht sich selbst zum Zeugungsimpuls und richtet den schöpferischen Kraftstrahl auf Binah. Diese empfängt den Samen von Chokmah, wird zur Mutter aller Mütter und bleibt dennoch jungfräulich, wie eine antike Theotokos, eine Gottesgebärerin. Binah bildet und liefert eine amorphe Substanz, die Matrix, geht jedoch selbst den Weg in die weitere Verdichtung nicht mit. Unmittelbar nach ihrer Erschaffung durch Chokmah und ihrer Empfängnis ist sie AMA, die große Dunkle Mutter. Die Kraft von Chokmah stirbt gleichsam im Uterus von Binah. Sobald die Idee der Form sich der männlichen Zeugungskraft angenommen hat, wirkt die verhältnismäßige Festigkeit von Binah wie ein Gefängnis für den leuchtend fluidalen Geistimpuls von Chokmah.

Binah wird als trächtige AMA zum Widerstand, zum Gegenteil Gottes, zum Widersacher, zum Feind Gottes, da sie als urweibliches Prinzip danach trachtet, den empfangenen Impuls zu verschlingen. Dieses Prinzip kennen wir von den Göttinnen der Antike: Aus der guten Mutter wird bald die verschlingende böse Mutter. Doch Chokmah gestattet das Einsargen seines Samens nicht dauerhaft. Chokmah will emanieren, sich verströmen. Chokmahs Lust zeigt sich im Jod, dem ersten Buchstaben von JHVH, und das Jod des Himmels macht die Hohepriesterin *Ama* durch das Einfügen des J in seiner Gestalt als göttlicher Vokal I zu *Aima* oder *Imma*, der Urmutter.

Durch diese Wandlung vom Nehmen zum Geben wird Binah zur heiligenden Intelligenz und zeigt sich bereit, wieder herzugeben, also zu gebären, was in ihr durch den schöpferischen Funken von Chokmah angelegt wurde und in ihrem Wesen zur Frucht heran reifte. Aima gibt das Licht, das Leben und die Liebe zum Zwecke der Gestaltwerdung weiter.

Binah bildet den archetypischen Mutterschoß, in dem sich Leben manifestiert. Alle weiteren Schritte nach Binah führen in Richtung Form. Das Urweibliche, den Tod bereits in sich tragend, führt also zwingend in Richtung Tod, denn was geworden ist, muss auch wieder vergehen. „Alles, was entsteht, ist wert, dass es zugrunde geht!" So formulierte es Goethe.

Das Judentum hat kein Problem mit dem Widersacher, dem dämonischen Anteil der Göttlichen Schöpfung. Im Alten Testament sind Gott und Satan noch nicht unterschieden. Gott ist dort das eine Mal barmherzig und das andere Mal rächend. Nur der ungeweihte Mensch steht diesem Thema angstvoll gegenüber. Das weibliche Prinzip ist archetypisch dem Bösen zugetan, der Dunkelheit und dem Abstieg in das Totenreich verpflichtet. Obwohl Binah selbst nicht streng und hart bleibt, gehen Strenge und Härte von dieser Sphäre aus. Das Kernproblem des Christenmenschen liegt in der moralischen Wertung solcher Begriffe. Im Alten Testament existiert noch keine Trennung von Satan und Gott. Satan ist dort der zürnende und rächende Aspekt Gottes. Gut und Böse, Erschaffendes und Zerstörendes, werden als neutrale Urbausteine betrachtet, die der Form unabdinglich sind.

Jeder Heldenmythos handelt von der Auseinandersetzung des männlichen Genius mit Repräsentanten des weiblichen

Prinzips, wie zum Beispiel das Besiegen von Drachen, Schlangen, Seeungeheuern oder dem Stierkampf. Vereinfacht ausgedrückt ist dies der Kampf mit der manifestierten Welt und die Überwindung der sogenannten Frau Welt. Es geht in Mythen und Märchen niemals um einen sichtbaren Mann, sondern um den männlichen Impuls in jedem Menschen. Das wahre Männliche im Menschen ist das eigentlich Geistige, das Göttliche. Der Held kämpft gleichsam als Geist um seine Befreiung von der Form. Echte Esoterik zeigt immer Wege zur Überwindung der irdischen Welt auf. Diese Haltung oder besser diese Sehnsucht ist ein notwendiger Bewusstseinsschritt, ohne den es keine Erlösung gibt: „Siehe, ich habe die Welt überwunden" – diese Aussage übernimmt der Mystiker, nicht weil er die Welt schlecht findet, sondern weil er um die Trennung weiß, die sie zwischen Mensch und Gott schafft. Deshalb betet der fortgeschrittene Rosenkreuzer zum Gott seines Herzens, er will diese Trennung nicht akzeptieren.

Die obere Triade des Lebensbaumes Kether, Chokmah, Binah: Alles was es jemals geben wird, hat hier seinen Ursprung. Wie unterschiedlich wir die Charaktere dieser Sephiroth auch wahrnehmen, sie bilden dennoch die göttliche Dreieinigkeit. Der Heilige König besteht hier als drei Häupter, weil er sich durch seine ersten beiden Emanationen bereits selbst erkennt. In der Überlieferung werden die ersten drei Sephiroth als *Arich Anpin, das lange Gesicht*, bezeichnet. Unter *Seïr Anpin, dem kurzen Gesicht* versteht man die unteren sieben Sephiroth.

Beide Gesichter sind durch den Abyssus voneinander getrennt. Der Abgrund vor den oberen drei Tempeln besteht als Schutz für die göttliche Dreinigkeit. Oberhalb des Abyssus wohnen Kräfte, wie Liebe, Weisheit und Stärke. Unterhalb manifestieren sich zunehmend differenzierte seelische Empfindungen und persönliche Gefühle. Der Abyssus sorgt auch für die Unantastbarkeit der geheimen Sphäre von Da'ath. Man zählt die Sphäre von *Da'ath*, die als leerer Raum oder leeres Grab verstanden wird, im Lebensbaum nicht mit. Hier findet der *Hieros Gamos*, die Heilige Hochzeit, zwischen Chokmah und Binah statt. Da auch der Rosenkreuzer sich auf den Weg zur *Unio Mystica* begeben hat, erwartet er sehnlichst das postmortale Eingehen in die geheime Kammer von Da'ath.

Die Rationalisten unserer Tage negieren die Möglichkeit einer Jenseitserfahrung vehement, da sie denken, Bewusstsein sei allein das Produkt der Gehirnfunktion. Alle Religionen beschreiben jedoch etwas anderes; dort werden die karmischen Früchte des Erdenlebens im sogenannten dritten Ende der Zeit, also im Jenseits, geerntet. In jüngster Zeit obliegt es allerdings der Genforschung, bahnbrechende Meldungen in der Presse zu verbreiten. Die Washington Universität in Seattle stellte nämlich zu ihrem großen Erstaunen fest, dass einige vorhandene Gene noch lange nach dem physischen Sterben aktiviert werden. Dies wird von den Wissenschaftlern als Sensation wahrgenommen, zumal die nachtodlich aktivierten Gene dieselben sind, die im Körper meistens schliefen und nur in Notfällen erwachten.

Das magische Bild von Binah ist eine Matrone, eine sehr weibliche, reife, gebärfreudige Frau von lateinisch *matrona*, ehrwürdige, verheiratete Frau. Die Matrone ist in einen dunkelblauen Mutterschutzmantel gehüllt, steigt aus dem Meer auf und trägt eine mondsichelförmige Halbschale in der Hand. Denn es heißt in der Genesis sinngemäß: Die Schöpfung erhebt sich aus dem Göttlichen Wasser. Großer See, Große Mutter, Stella Maris sind Synonyme für Binah.

Binah auf dem Baum von Aziluth trägt den Gottesnamen *JHVH Elohim*, Gott und die Göttinnen, denn Eloah, die Göttin, ergänzt durch die hebräische Endung *im*, eine Plural-Endung. Aus Havah, aus JHVH ohne J wird Eva. In Eva geschieht die Geburt der Dualität. Das vierelementare Tetragrammaton JHVH wird durch Binah, den weiblichen Aspekt Gottes, zur Vermehrung fähig. Wegen dieser Signatur kann der einmal begonnene Schöpfungsprozess nur noch eines: Herunterstürzen in die Form und sich verströmen.

In der Welt von Briah beherbergt Binah den *Erzengel Zaphkiel*, der Betrachter Gottes. Es ist Zaphkiel, der sich aus Gott heraus stellt, um ihn sehen zu können. Das Ziel allen Lebens ist die Einheit von Kether. Aber nur wenn Chokmah und Binah vollkommen ausgeglichen sind, ist die Einheit zu erfüllen. Dieser Ausgleich ist von dem Menschen ohne Einweihung nicht zu erreichen. Lange Zeit wird er hin- und hergerissen zwischen Geist und Stoff. Wendet er sich dem Geist zu, zermahlen ihn die Mühlsteine der Materie; kümmert er sich vor allem anderen um den Stoff, fehlt ihm die Begeisterung und er bekommt Angst, das ist ein Gefängnisgefühl mit kaltem Grauen, weil Materie den Geist einengt. Angst hat eine lateinische Wurzel, *angustus*, Beengung, Würgung.

Hilfe für diesen Ausgleich erteilt der Erzengel Zaphkiel, der Betrachter Gottes. Zaphkiel stellt sich aus dem Wesen von Raziel, dem Erzengel von Chokmah, heraus und betrachtet Raziel. Als göttliches Auge ist Zaphkiel der Erschaffer der Vorstellungsbilder. Um in Kontakt mit den inneren Bildern zu gelangen, empfiehlt es sich, den Erzengel von Binah anzurufen. Dann steigen die Imaginationen im Bewusstsein auf, und der Urgrund der Form wird auf einer feinstofflichen Ebene erschaut.

Über den Kontakt zu Zaphkiel entwickeln wir die Kunst, den ganzen Lebensbaum für den geistigen Weg anwenden zu können. Dies geschieht durch das Rezitieren und Intonieren der Gottesnamen, durch das Lernen der überlieferten Entsprechungen auf Aziluth, Briah, Jezirah und Assiah. All diese Namen, Begriffe, Metaphern und Symbole sind wahre Schlüssel, um die entsprechende Sephirah aufzuschließen. So, wie ein Handwerker sein Material und seine Gerätschaft kennt, muss auch der Magier seine Analogieketten beherrschen. Sofern er es unterlässt, im Irdischen Vorteile für sich selbst und andere aus seinen Anrufungen zu gewinnen, dringen obere Kräfte bis zu ihm durch und helfen ihm, Stufe um Stufe bei seiner Erhebung. Was er als kosmisches Geschenk bekommt, sind Fähigkeiten und eine gewisse Unterstützung bei seinem Streben nach Höherem. Auch erfährt er übermäßige Glücksgefühle an dem einen Tag und tiefstes Leid an einem anderen, was nicht leicht auszuhalten ist. Und doch! – die Arbeit in der Welt muss er aus eigener Kraft verrichten.

Binah in der Welt der Formgebung, in Jezirah, sind die *Aralim*, die Throne. Sie verstehen sich als Herrschersitze der Schöpfung. Die Throne werden auch die Stadthalter Gottes genannt. Sie geben Gottes Willen einen Sitzplatz. Der Formaspekt von Binah offenbart sich in einer Art Kultusministerium Gottes. Auf einem Thron nimmt der König Platz und wird dort sesshaft. Als Symbol von Autorität und Macht ist der Thron bereits der Sitz Gottes in Kether. Daraus erwuchs im orthodoxen Judentum die Thronwagensymbolik: *Mercavah*.

Auf der Sephirah Binah in der Welt von Jezirah gibt es viele Throne, gedacht als Sitze für viele Gottheiten, also für die Urprinzipien. Jeder Ideengeburt wohnt also ein Gott inne; in jeder Form ruht verborgen der göttliche Keim. Jeder Gottesfunke braucht einen Thron, um regieren zu können. Wer die Aralim anruft und mit ihnen zusammenarbeitet, setzt den ihm innewohnenden göttlichen Funken zurück auf den Thron der Macht.

Binah auf Assiah wird von dem janusköpigen Saturn beherrscht. Dieses Strukturprinzip als Maleficus zu verdammen ist ebenso falsch, wie im weiblich-dämonischen etwas furchterregendes zu entdecken und Ablehnung ihm gegenüber zu zeigen. Hemmung, Verzögerung, Verdichtung, Kristallisation, Konzentration und Vertiefung sind erforderliche Bausteine, die zur Formgebung verwendet werden. Saturn gibt dem Tierkreis eine übergeordnete Richtung vor. Zu viel Saturn von Binah führt zur Stagnation. Zu viel Uranus von Chokmah löst Chaos aus. Ein Gleichgewicht von Saturn und Uranus bringt pulsierende Schöpfungskraft hervor.

Binah-Symbole sind die Archetypen eines Behälters, gleichsam das Mutterschoß-Grab für Chokmah, dazu gehört jedwedes Aufnehmende wie Schale, Kelch, Becher, Muschel, Nuss, Stall, Höhle oder Haus. Alle weiblichen Insignien repräsentieren Binah. Die Mondsichel, die Vagina, das Wasser, das Salzmeer, der ruhende Teich, das Salz der Erde, das Dreieck im Mutterschoß, der tiefe Brunnen und die Zisterne. Die saturnine Dunkelheit, wie die Farbe Schwarz oder Indigo, strahlt das Licht nicht mehr ab, sondern verschluckt es. Hinzu kommt als Gegensatz zu Chokmah die waagerechte Linie. In der Körperzuordnung haben wir die rechte Schläfe.

Nun wollen wir abschließend eine Bitte an Binah aus dem dreizehnten Jahrhundert in uns selbst erklingen lassen:

Ehrwürdige und heilige Mutter Binah,
Verschlinge die Finger Deiner schönen
Hände ineinander und bilde einen Raum,
in dem die Seelen der Gerechten
gemeinsam mit den heiligen Engeln
ihre Wohnstatt nehmen.

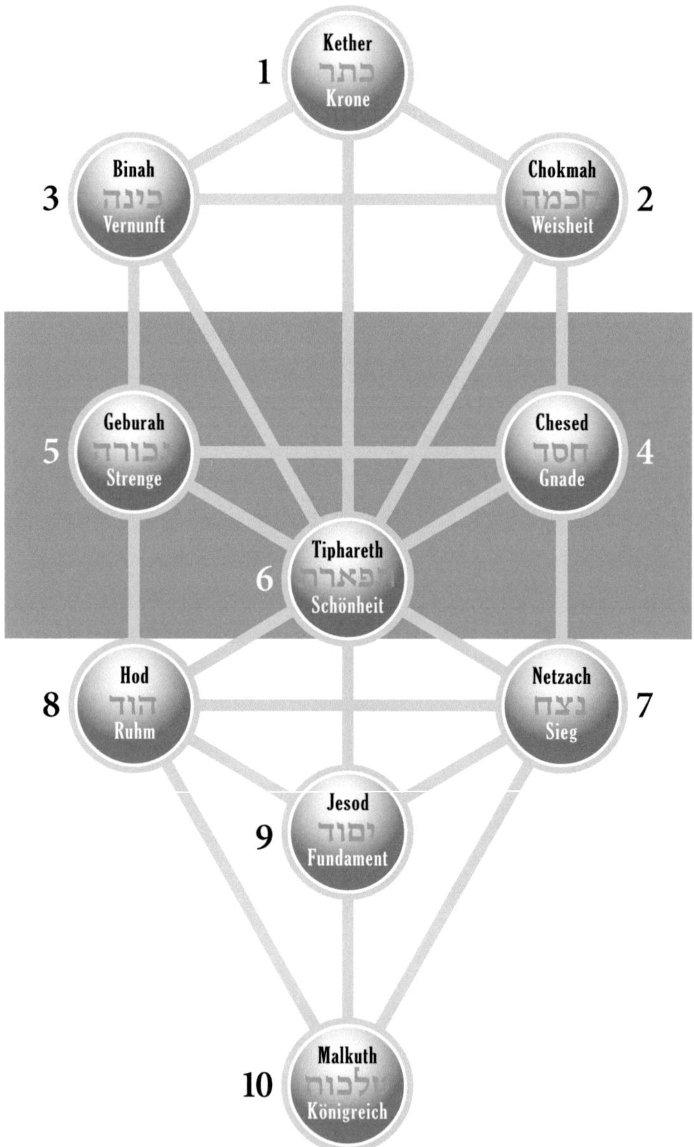

1
Kether
כתר
Krone
3
Binah
בינה
Vernunft
2
Chokmah
חכמה
Weisheit
5
Geburah
גבורה
Strenge
4
Chesed
חסד
Gnade
6
Tiphareth
תפארת
Schönheit
8
Hod
הוד
Ruhm
7
Netzach
נצח
Sieg
9
Jesod
יסוד
Fundament
10
Malkuth
מלכות
Königreich

Die Sephiroth Chesed, Geburah, Tiphareth

Bevor wir uns der zweiten Trinität der Sephiroth zuwenden, mögen hier einige Zitate aus dem Sohar unsere Einstimmung auf den Baum des Lebens fördern.

„Solange die Thora in der Welt ist, hat die Welt Bestand, weil die Thora der Baum des Lebens ist, durch den sie Bestand hat. Solange die Thora unten wach erhalten wird, weicht der obere Baum des Lebens nicht. Wird die Thora unten unterbrochen, dann kann sich der Baum des Lebens aus der Welt entfernen. Solange daher die Weisen an der Thora ihre Wonne haben, hat der Widersacher Samael keine Macht, denn es steht geschrieben: Die Stimme ist die Stimme Jakobs und die Hände sind die Hände des Esau. Es ist die obere Thora, welche Stimme Jakobs genannt wird. Solange diese Stimme nicht unterbrochen wird, hat das Wort die Macht. Darum soll das Studium der Lehre niemals unterbrochen werden." (Sohar)

An einer anderen Stelle des Sohar werden wir an die richtige Deutung der heiligen Schrift erinnert.

„Und Rabbi Schimeon sprach: Wehe dem Menschen, der meint, dass die Thora uns Erzählungen der Welt, also törichte Geschichten erzählen will. (...) Ginge es nur um Dinge der Welt, dann gibt es selbst in den profanen Büchern schönere Dinge, dann wandelten wir in ihren Spuren und machten aus ihnen eine andere Thora. Vielmehr sind alle Worte der Thora höhere Worte, höhere Geheimnisse. Komm und siehe: Die obere und untere Welt sind in ein Gleichgewicht gestellt: Israel unten, die himmlischen Engel oben! Von den letzteren heißt es in Psalm 104: Er macht zu Seinen Boten die Geister! Wenn diese nun herabsteigen, umkleiden sie sich mit der Hülle dieser Welt, sonst könnten sie in dieser Welt nicht bestehen und die Welt vermöchte sie nicht zu tragen. Ist dies bei den Engeln so, um wie viel mehr bei der Thora, welche sie erschaffen, welche alle Welten erschaffen und ihnen Bestand gegeben hat. Wenn die Thora nun in diese Welt eintritt, würde sie sich da nicht mit den Hüllen dieser Welt umkleiden, diese Welt könnte sie nicht tragen. So ist denn die Erzählung der Thora ihr Gewand. Wer da glaubte, dass dieses Gewand die eigentliche Thora sei und nicht etwas anderes, Fluch über ihn, der hat keinen Anteil an der künftigen Welt.

Darum sagte David in Psalm 119: Eröffne mein Auge, dass ich Wunder aus Deiner Thora erblicke, was unter der Hülle der Thora ist. Komm und siehe: Es gibt Umhüllungen, die allen sichtbar sind. Und jene Unwissenden, wenn sie einen Menschen in einer Umhüllung sehen, die ihnen gefällt, dann schauen sie nicht weiter. Aber die Schönheit des Gewandes liegt im Körper und die Schönheit des Körpers weilt in der Seele.

So hat auch die Thora einen Körper, das sind die Gesetze, welche der Leib der Thora genannt werden. Dieser Leib der Thora umkleidet sich mit den Hüllen, welche die Erzählungen aus dieser Welt bilden. Es sind Tölpel, welche nur jenes Gewand betrachten, das von der Erzählung der Thora gebildet wird, sie wissen nicht weiter und betrachten nicht, was unter dieser Hülle wohnt. Diejenigen aber, welche mehr wissen, betrachten gewiss nicht die Hülle, sondern den Leib unter ihr. Und die Weisen, die Diener des oberen Königs, jene, welche auf dem Berge Sinai gestanden haben, betrachten die Seele, die der Kern von allem ist, die ureigentliche Thora. Und in der Zukunft werden sie in der Thora die Seele der Seelen erschauen.“ (Sohar)

Im Sohar wird das Lichtwort: >*Es werde Licht – und es ward Licht!*< etwas anders formuliert. Dort steht: Es sprach der Allmächtige >*Es werde Licht – und es werde Licht!*<. Laut der Sohar-Exegese ergeht das erste >es werde< an die diesseitige Schöpfung, sozusagen den Ausatemstrom Gottes, in dem wir leben. Aber das zweite >es werde< weist bereits hin auf die künftige Welt, die dem Einatemstrom folgt und das erlöste Leben in der Ewigkeit ankündigt.

Gewiss sollen alle Welten durch das Gotteslicht zu ihrer Veredelung kommen, aber das Licht dieser künftigen Einheit bleibt in den undurchsichtigen Hüllen der Schöpfungsnacht verborgen und bewahrt, damit es nur von den Frommen und Weitherzigen gefunden werden kann.

Die Gottlosen und die Herzensträgen wissen nichts von der ursprünglichen Einheit, aus der sie in die Vielheit gefallen sind, weshalb sie auch kein Ziel vor Augen haben, das eine künftige Einheit betrifft.

Wer die Weisheit der oberen Sphäre nicht kennt und glaubt, er könne genügend Wissen in den unteren Welten sammeln, der irrt sich. Am Ende ist er vielleicht vielwissend und erscheint sehr klug, aber die Pforten der Weisheit durchschreitet er nicht. Die Lehre von Adam Kadmon überliefert uns, dass der erste Adam noch Weisheit, Herrlichkeit und Unsterblichkeit in einem war.

Dazu sagt Leo Schaya: „Alles, was wirklich oder wahr ist am Menschen, an seinem Geiste, seiner Seele und sogar seinem Leibe, das ist urgebildet und verwirklicht durch die Sephiroth. Je mehr der untere Mensch sich geistig der sephirothischen Einheit nähert, desto näher ist er seinem eigenen unendlichen Urbild, dem oberen Menschen, der ewiglich eins ist mit Gott."

Erinnern wir uns an die ersten Gedanken über die Struktur des Lebensbaumes: Aus dem Unendlichen, aus *Ayn*, dem geheimnisvollen Verzicht auf das Sein, geht *Ayn Soph* hervor und aus ihm strömt *Ayn Soph Aur*, das Licht, welches sich zu Kether Elijon verdichtet, zur höchsten Krone.

Ehe jedoch der Allheilige Abbild und Form in der Welt erschaffen hat, war Er allein, ohne Form und ohne Gleichnis. Aber durch Sein Wort der Lichtwerdung haben sich drei Häupter erhoben. Der heilige Verborgene emanierte Chokmah, die Weisheit, und unterstellte sie Binah, der Vernunft. Er selbst bleibt dennoch stets die erste Krone. Er bleibt das erste Licht, von dem alle Lampen sich erhellen. Die drei Häupter sind in eines zusammengefasst. Und obwohl der Gott von Kether in Seine Dreiheit eingeprägt ist, behält er dennoch den Sitz des obersten Hauptes. Auch Jesaja formulierte dies so: „Der heilige Same der Dreiheit bleibt Seine Grundfeste!"

Von der ersten Trinität verströmen sich die unteren sieben Sephiroth. Sie sind analog zu den sieben Himmeln im Talmud entstanden, tragen jedoch andere Namen und teilweise auch andere Charaktere als im Talmud. Die sieben unteren Sephiroth sind nicht als ferne Himmel gedacht, in denen die Seele erst nach ihrem Ableben erwartet wird, sondern dürfen bereits als Anteile des Menschen betrachtet werden.

Chesed im Menschen fördert das Streben zu Gott. Geburah schenkt die Fähigkeit zu unterscheiden und auszuwählen, was des Kaisers und was des Gottes ist. Tiphareth geht einher mit dem Sinn für Schönheit und Ausgewogenheit. Nezach lässt den Menschen zur Gestaltung seiner Umgebung fähig sein. Hod verleiht ihm Systemverständnis, und fordert die Akzeptanz von Hierarchie und Würde. Jesod schenkt weitreichende Visionen, und Malkuth besiegelt die Empfänglichkeit für die Pflichten des Daseins.

Der Baum des Lebens entschleiert nach der ersten Dreiheit von Kether, Chokmah, Binah in Atziluth jeweils drei Schöpfungsschritte durch die unteren sieben Sephiroth: Chesed, Geburah und Tiphareth bilden zusammen die schöpferische Welt von Briah. Netzach, Hod und Jesod sind die formgebenden Schritte von Jezirah. Nur Malkuth steht für sich allein, denn Malkuth ist gleichsam der geronnene Geist Gottes in der Welt von Assiah und bringt die Welt der Erscheinung hervor. Die Menschheit existiert hier im dichtesten Ergebnis der Schöpfung, in der weitesten Entfernung von Gott. Jeder Mensch besitzt den Auftrag der Rückkehr zwar von Anfang an, verwirklicht diesen aber in seinem Leben meistens nur unzulänglich.

Analog zu den jeweils drei Schöpfungsschritten wird auch in fast allen Geheimkulten die Unterteilung der Seele als Dreiheit gelehrt. Die Seele strömt immer aus der Gottheit, inkarniert aber nicht vollständig im menschlichen Körper, sondern hält mit ihren oberen Anteilen den kosmischen Kontakt aufrecht.

In altägyptischer Seelenkunde gibt es zum Beispiel die *Kâ* als Leibseele im Körper, die *Bâ* als Geistseele im Kosmos und die *Achêt* als himmlische Seele an höchster Stelle. Ganz ähnlich formuliert es die Kabbala. Das folgende Zitat entstammt wiederum dem Sohar:

„Drei Namen trägt die Seele des Menschen: *Nephesch, Ruach, Neschamah.* Alle sind sie ineinander enthalten, doch an drei Orten zeigt sich ihre Eigenart. Nephesch befindet sich im Grabe, wenn der Körper im Staube modert, und wälzt sich weiter in dieser Welt, um noch bei den Lebenden zu bleiben und ihren Schmerz kennen zu lernen und fleht, wenn es nottut, um Erbarmen. Ruach tritt ein in den Garten Eden, nimmt dort eine Gewandung an in jener Bildform des Körpers, die er in dieser Welt hatte, wie sie dort entsprechend ist, und genießt im Glanze des Gartens ihrer Wonne. An Sabbaten, Neumonden und Festzeiten aber steigt sie höher, erfreut sich höherer Wonne und kehrt wieder an ihre Stätte. Wovon gesagt wird: Und Ruach, der Geist, kehrt zu Gott zurück, der ihn gegeben hat, eben genau in jenen Festzeiten. Neschamah hingegen steigt sofort empor an jene Stätte, von der sie gekommen, und für sie wird die Leuchte entzündet, nach oben zu leuchten. Sie steigt niemals mehr nach unten. In ihr vollendet sich, was sich von allen Seiten, von oben und unten vollendet. Denn solange sie nicht aufgestiegen ist, um sich mit dem höchsten Throne zu verbinden, kann sich auch Ruach nicht im Garten Eden verschönen und Nephesch nicht an ihrer Stelle Ruhe finden; erst wenn sie aufsteigt, finden alle drei ihre Beruhigung. Und wenn die Menschen aus Not und Schmerz zur Gräberstätte wandern, dann erweckt sich Nephesch und steigt im Fluge auf zu Ruach, und Ruach erweckt die Väter und erweckt Neschamah, dann erbarmt sich der Allheilige der Welt. Wenn also auch der Aufstieg von Neschamah in anderer Weise sich vollzieht, so steigen doch alle in diesem Gleichgewichte auf. Sobald aber Neschamah ein Hindernis findet, an ihre Stätte aufzusteigen, dann bleibt auch Ruach vor dem Eingang des Paradieses stehen, denn man öffnet diesem Seelenanteil nicht. Dann steigt und irrt Ruach umher, und keiner achtet dessen. Nephesch aber trauert und schwebt wie verloren in der Welt umher, erblickt den Körper und das Gericht des Grabes, wo Würmer an ihrem Leibe nagen. (...) Nephesch hat kein Licht aus sich selbst, sondern teilnehmend am Geheimnis des Körpers ist sie es, die ihn mit allem, was er braucht, erquickt und ernährt - wovon gesagt ist: Und sie gibt Nahrung ihrem Hause und Satzung ihren Dienerinnen (Sprüche 31,15). Das Haus, das ist der Körper, den sie ernährt, ihre Dienerinnen, das sind die Organe ihres Körpers. Ruach ist über Nephesch gesetzt, herrscht über sie und erleuchtet sie mit allem, was sie braucht. Aber auch Ruach ist abhängig von Neschamah und wird von ihr erleuchtet, Nephesch hingegen ist abhängig von Ruach und wird davon ernährt. So stehen die drei Seelenleiber in einem festen Zusammenhang, wie Kether, Chokmah und Binah, die ersten drei Häupter der Schöpfung.“ (Sohar)

Ebenso wie die drei Seelenanteile und der Körper Guph zusammen gehören, stehen auch die vier Welten Aziluth, Briah, Jezirah und Assiah in einer ständigen Abhängigkeit voneinander. Keiner dieser Welten ist es gestattet, eigene Wege zu gehen, weshalb jede Form von Absonderung eine sofortige Korrektur erfährt. Je mehr sich ein Wesen gegen *Thelema*, den festgeschriebenen Plan der Schöpfung, sträubt oder gar auflehnt, um so eindringlicher oder schmerzhafter erfährt es die Korrektur.

Die Sephirah Chesed

Chesed, die Gnade, strahlt uns als vierter Palast im Baum des Lebens entgegen und befindet sich unterhalb von Chokmah auf der männlichen Säule. Die vorherige Sephirah Binah hat die mystische Triade als strukturierende Kraft abgeschlossen. Das Wesen von Binah wirkt wie das Urprinzip Saturn streng und zusammenziehend, um der Schöpfung einen verdichtenden Faktor zum Zwecke der Manifestation zu verleihen.

Chesed lässt sich nicht von Binah in das Werk der Verdichtung drängen. Chesed ist zwar bereit, den Plan der Manifestation mitzugestalten, aber diese Sphäre wendet sich zunächst in vollkommener Treue an Chokmah, den ersten einleitenden Emanator, der über ihr wohnt. Da Chokmah ganz und gar der oberen Krone untersteht, verbindet sich Chesed gleichsam über Chokmah mit Kether. Chesed übernimmt den Charakter der Heiligkeit und wird deswegen von den Kabbalisten voller Ehrfurcht *Sekhel Kavua*, das unvergängliche Bewusstsein, genannt. Vermutlich trägt der vierte Palast wegen seiner unbedingten Treue gegenüber der Göttlichen Weisheit auch den Namen *Gedulah*, das bedeutet Langmut oder Geduld.

Gnade, Barmherzigkeit, Treue und überströmende Güte gehen von der Sephirah aus. Chesed kompensiert die Strenge von Binah durch himmlische Milde, denn Chesed nimmt den Impuls der Weisheit von Chokmah wieder in sich auf, arbeitet ihn aus und fördert die Absicht zur Manifestation als aufbauende Kraft.

Das sich allmählich manifestierende Universum wird Idee. Chesed nimmt die Potentiale des mystischen Dreiecks in Gewahrsam und verwandelt die abstrakte Bereitschaft zur Schöpfung in eine konkretere Idee. Deswegen gilt Chesed als aufbauende Intelligenz.

Chesed stellt sich ein üppig wachsendes Universum vor. In der jovialen Natur von Chesed wird dieses unbegrenzt wahrgenommen. Wegen der Fähigkeit zur Synthese und Kommunion nennen wir Chesed den aktiven Beschützer und Erhalter der aufbauenden Kräfte. Das Volumen von Chesed nimmt unablässig zu – es kann nicht anders! Würde es nicht von der gegenüberliegenden Sephirah Geburah unter Kontrolle gebracht, wäre eine Überwucherung des ganzen Baumes durch Chesed gegeben.

Die Qualität von Chesed im menschlichen Bewusstsein bewirkt die analoge Schau und eine umfassende Einsicht in den Göttlichen Plan. Wenn ein Mystiker nur separierend und analytisch denken kann, fehlt ihm Chesed als Zugang zur Synthese, und er tut gut daran, durch Kontemplation und Meditation Einlass in diesen Palast zu begehren.

In der Sephirah Chesed erinnert sich der Göttliche Funke seiner Göttlichkeit, schenkt einen erweiterten Horizont und bringt die Begegnung mit Kosmischen Meistern zuwege. Allerdings findet dieser Kontakt nicht so sehr auf einer persönlichen Ebene statt. Sobald der Kosmische Meister einen Körper und ein Gesicht besitzt oder gar physische Berührungen durchführt, handelt es sich nicht um eine Chesed-Erfüllung, sondern um einen astralen Spuk aus der Sphäre von Jesod, der dem Wunschdenken eines solchen Menschen entspringt, welcher noch nicht in der Lage ist, den allumfassenden Geist jenseits des Persönlichen anzusiedeln. Die Anhebung von Energie und Kraft wird durch Lobpreisung des Allmächtigen erworben sowie durch den Gebrauch von überlieferten Worten, die dem Profanen unzugänglich bleiben. Wahre Inspiration von Seiten des geistigen Kosmos findet sehr still im Innern des Menschen mit dem Gott seines Herzens statt. Diese inwendige Begegnung beflügelt die Seele auf eine besondere Weise, die in der Schwingung und Kreativität des Pfadwanderers zutage tritt.

Auf der Bewusstseinsstufe von Chesed gibt es allerdings feste Regeln, die anordnen, auf welche Weise man sich Gottes Wort zu nähern hat. Jegliche profane Deutung oder gar Aberglaube findet keine Akzeptanz und vertreibt den Adepten schon an der äußersten Pforte des heiligen Palastes von Chesed.

Die Qualität von Chesed ähnelt sehr dem siebten Himmel namens *Araboth*. Tatsächlich ist die vierte Sephirah von oben ebenso die siebte von unten betrachtet. Im Talmud, Chagigah 12b, steht folgendes dazu geschrieben: „Die da hinweglassen von der Tafel ihrer Herzen die Worte der Thora und sie gegen weltliche Reden vertauschen, für sie werden aus Ginsterwurzeln glühende Kohlen zu ihrer Speise bereitet." Und Rabbi Levi ergänzt: „Wer das Lernen der Thora unterbricht, um sich mit Geschwätz zu beschäftigen, dem gibt man glühende Kohlen zu essen."

Die glühenden Kohlen können wir als Sinnbild der gewaltsamen Regelkräfte von Geburah deuten. Wenn der Niedergang und das Unglück in das Wachstum der Schöpfung eingreifen, so gilt es dennoch an der Treue zu Gott festzuhalten. Ein Gleichnis von Chesed und Geburah finden wir im Leben des biblischen Hiob. In den sogenannten Weisheitsbüchern schildert Hiob die Ohnmacht, in die er geraten ist, weil der Satan beweisen will, dass Hiob sich von Gott abwenden würde, wenn er seinen Reichtum und sein ganzes Glück verlöre.

Im 30. Kapitel klagt Hiob: „Jetzt aber verlachen mich, die jünger sind als ich, deren Väter ich nicht wert geachtet hätte, sie zu meinen Hunden bei der Herde zu stellen, deren

Stärke ich für nichts hielt, denen die Kraft dahinschwand; die vor Hunger und Mangel erschöpft sind, die das dürre Land abnagen, die Wüste und Einöde; die da Melde sammeln bei den Büschen, und Ginsterwurzel ist ihre Speise." Hiob leidet sehr und klagt zunächst andere an, aber im 31. Kapitel sucht er inbrünstig die Schuld an dem harten Schicksal, das ihn getroffen hat, bei sich selbst: „Bin ich gewandelt in Falschheit, oder ist mein Fuß geeilt zum Betrug? Gott möge mich wiegen auf rechter Waage, so wird er erkennen meine Unschuld! Ist mein Gang gewichen vom Wege und mein Herz meinen Augen nachgefolgt und blieb etwas hängen an meinen Händen, so will ich säen, aber ein anderer soll es essen, und was mir gewachsen ist, soll entwurzelt werden." Hiobs langer Reuegesang und sein unbedingtes Festhalten an Gott sogar in schwerer Krankheit bringen es zuwege, dass Gott selbst sich an ihn wendet und am Ende dessen Treue durch Genesung und neuen Reichtum belohnt.

Betrachten wir nun das magische Bild von Chesed; es zeigt einen mächtigen König auf seinem Thron, mit einem Zepter in der Hand. Darin sind alle Elemente der oberen mystischen Triade enthalten. Wir sehen die Krone von Kether hier wieder, erkennen den Stab von Chockmah und den Thron von Binah. Als typische Chesed-Figuren gelten Propheten, Hierophanten, Priester, Bischöfe, Kardinäle, Päpste. Es ist immer ein Mann, aber hier findet man alle Tugenden, die in der profanen Welt Frauen für sich in Anspruch nehmen: Gnade, Güte, Mitgefühl, Toleranz, Demut, Geduld, Achtsamkeit, liebende Fürsorge – alles in großer Erhabenheit und fern von persönlicher Eitelkeit! Aus kabbalistischer Sicht sind es freilich Attribute des väterlichen Archetypus und nicht des mütterlichen.

Wenden wir uns nun dem Gottesnamen von Chesed zu, und bedenken wir die kabbalistische Wissenschaft *Schemoth*, die eine feierliche Anrufung der Namen praktiziert und eine göttliche Wesensoffenbarung im Menschen selbst zum Ziel hat. Die jüdischen Mystiker sagen, wer ganz in den Wirkbereich von Schemoth eindringen durfte, dem wird es erlaubt, überirdisch zu handeln und Wunder zu vollbringen. Er ist dann ein *Ba'al Schem* geworden, ein Herr des Namens.

In der Welt des Ursprungs, in Aziluth, lautet der Gottesname von Chesed *El*. In El erkennen wir den Gattungsbegriff für Göttlichkeit in mehreren semitischen Sprachen. Zweitausend Jahre vor Christus gab es die ugaritische Sprache in der Region von Kana'a, aus der El überliefert ist. Bei den Hebräern galt El als Ersatz für Jahwe oder Jehova, damit man diesen auf JHVH beruhenden Namen nicht ausspricht. Aus dem Singular El (Gott) ging der hebräische Plural Elohim (Götter) hervor. El bildet ebenso die Wurzel von *Allah*, dem Gottesbegriff des Islam. Die kabbalistische Tradition sagt, El bedeute sinngemäß: „Die Hände Gottes, von denen alles Gute kommt." Hände geben etwas weiter. El bzw. Al, Aleph, Ochse, und Lamed, Ochsenstachelstock, ist demnach jener Chesed-Aspekt Gottes, der männliche Kraft weitergibt und die Gläubigen einsammelt, wie der Hirte seine Herde.

Auf Chesed in Briah, der Welt der Schöpfung, herrscht der *Erzengel Zadkiel*, dessen Name eine Ableitung ist von Zedeq, der Gerechte Gottes. Zadkiel orientiert sich an Chokmah und sichert somit die ursprüngliche Ordnung. Zadkiel sorgt für Harmonie im Schöpfungsplan. Er lässt ein Ungleichgewicht nicht zu und gleicht aus, wo etwas aus der Harmonie gerät, indem er die sich verströmende Allmacht von Kether in dem Plan der Welt von Briah sichert.

Chesed auf Jezirah, der Welt der Formgebung, wird von den *Heerscharen der Engel Chasmalim* geleitet. Dieser Name bedeutet die Hell-Leuchtenden oder die Funkelnden. Hier wird die Schöpfung sanft erhellt, sozusagen durch kleine Lichter sichtbar gemacht. Das gleißende Licht von Chokmah wandelt sich in viele kleine Öl- oder Kerzenflammen auf unseren Altären. Anders gesagt, wann immer wir Licht in den Tempel einbringen und Kerzen entzünden, laden wir die Chasmalim ein, unsere mystische Arbeit dem Glanz des Gotteslichtes zu unterstellen.

Chesed auf Assiah, der Welt der Erscheinung, beherbergt das astrologische Urprinzip Jupiter. Auch Jupiter steht für Aufbau und Vermehrung. Jupiter verschenkt sich, damit unter seinem Signum alles wächst und gedeiht. Dieses Wachstum nimmt jedoch überhand, wenn es nicht partiell verzögert wird. Durch den Beschnitt von Geburah kommt in Chesed die Erinnerung auf, dass hauptsächlich geistiges Wachstum hervorgebracht werden soll.

Als Chesed-Symbole bezeichnen wir die Pyramide in dreieckiger Gestalt. Darin erhält der Mutterschoß von Binah eine räumliche Dimension. Zu Chokmah gehört die senkrechte Linie, zu Binah die waagerechte. Auf Chesed verbinden sich beide zu einem gleichschenkligen Kreuz, und es entsteht Raum als dritte Dimension.

Als Symbol nennen wir auch das Zepter. Der aufrechte Stab von Chockmah wird auf Chesed zum Zepter für den Eingeweihten und symbolisiert die Heilige Lehre. Auch der Bischof demonstriert mit seinem Stab die Macht von Chockmah auf Chesed und übernimmt damit die Charakteristik eines Hierophanten aus antiken Weihesystemen.

Ein weiteres Symbol ist das ägyptische Henkelkreuz, das Ankh. Die obere Ellipse symbolisiert die Gotteswelt von Aziluth. Das Kreuz darunter steht für die sieben unteren Sephiroth.

Außerdem gibt es auf Chesed noch das gleichschenkelige Kreuz, auch genannt das Naturkreuz oder Gralskreuz. Wenn diese Form des Kreuzes in alle Richtungen um seinen Mittelpunkt rotiert, entsteht die räumliche Kugel. Diese gehört ebenso als Sinnbild der göttlichen Einheit auf die Sephirah Chesed.

Zu guter Letzt wären noch die Sakramente von Brot und Wein in der Eucharistie zu nennen. Die Verwandlung der Hostie durch den geweihten Priester ist ein magisches Geschehen, das auf der Sphäre von Chesed seinen Ursprung hat.

In der Körperzuordnung sind die linke Schulter oder der linke Arm Chesed von Assia zugeordnet. Der linke Arm ist ein Symbol für Hilfe und Unterstützung. Die Farbe von Chesed ist Blau, am ehesten wählen wir ein royales, strahlendes Blau.

Die Sephirah Geburah

Geburah, die Strenge, ist die fünfte Sephirah auf dem Baum des Lebens und befindet sich auf der weiblichen, der formgebende Säule der Stärke. Die Zahl Fünf wird eine ungebärdige Zahl genannt, sie findet sich nicht als Ordnungszahl in Kristallen. Fünfecke nebeneinander gelegt können keine Fläche decken.

Macht und Schrecken, Härte, Streit, Krieg, Zerstörung, das verbrennende Feuer Gottes ist in der Sephirah Geburah angesiedelt. Alles, was nicht mehr mit der Urabsicht von Kether und Chockmah übereinstimmt, wird beschnitten oder ganz und gar abgetrennt.

Das wohltätige Feuer von Chesed bringt Licht und Wärme, aber das formende Feuer von Geburah verbrennt. In Chesed und Geburah begegnet uns dieselbe feurige Kraft in verschiedenen Ausdrucksformen. Zu viel gnädiges Bestreben von Chesed bringt Selbstzufriedenheit oder Trägheit mit sich. Wenn die väterliche Liebe und die Barmherzigkeit von Chesed zu einer Selbstherrlichkeit ausufern und das Wachstum von Chesed nur noch zur Belastung wird, erwacht auf der weiblichen Seite des Baumes die Sphäre Geburah. Die Güte von Chesed wird durch die Strenge und Härte von Geburah in das Gleichgewicht gebracht.

Mut, Entschlossenheit, Geschicklichkeit, Dynamik, eiserne Wut, Kampf und Verletzung. – Geburah bringt Eigenschaften hervor, die mit kriegerischen Handlungen einhergehen. Die Kabbala ist nicht neurotisch, und auch nicht *politisch korrekt*, wie der unwissende Mensch heute sein möchte und damit Scharen von Schattengespenstern auf den Plan ruft – freilich ohne dies zu wollen! Der Baum des Lebens geleitet den Suchenden auf den Pfaden der Wahrheit, damit er lernt, die Wirklichkeit zu sehen. Und zu dieser gehört auf allen Ebenen des Seins der Machtkampf der Dualität.

Verinnerlichen wir ein Zitat aus dem 16. Jahrhundert von Menahem Azariah von Fano, das die zerstörerische Kraft von Geburah rechtfertigt: „Das himmlische Vakuum ist wie ein Feld, in das zehn Lichtpunkte gesät werden. So wie jedes Saatkorn entsprechend seiner Fruchtbarkeit wächst, so tut es jeder dieser Punkte. Und so, wie ein Samen nicht perfekt wachsen kann, wenn er seine ursprüngliche Form bewahrt – Wachstum gibt es nur durch Zersetzung –, so könnten diese Punkte nicht perfekte Gestalten werden, wenn sie ihre ursprüngliche Form bewahrten, daher müssen sie zerbersten, um zu leben."

Jenes Zerbersten, wovon hier die Rede ist, kennzeichnet das Prinzip des Verderbens, das notwendig ist, um Leben in ausgewogener Schönheit zu gewähren. Wohl dem, der die notwendigen Schritte von Korrektur, Beschneidung und Reduzierung selbst einzuplanen in der Lage ist. Er muss nicht um das Hereinbrechen einer schmerzhaften Kurskorrektur bangen, da er das Leben als ein stetig wechselndes Zusammenspiel von Aufbau und Zerstörung begreift.

Die heiligen Sephiroth Chesed und Geburah liegen sich auf dem Lebensbaum gegenüber und bedingen einander. Die folgende Bibelstelle im 6. Kapitel Jesaja berührt das Wesen von Chesed und Geburah, denn Jesaja wird durch die glühende Kohle von Geburah gereinigt und zum Propheten auf Chesed geweiht: „Sie riefen einander zu: Heilig, heilig, heilig ist der Herr der Heere. Von seiner Herrlichkeit ist die ganze Erde erfüllt. Die Türschwellen bebten bei ihrem lauten Ruf, und der Tempel füllte sich mit Rauch. Da sagte ich: Wehe mir, ich bin verloren. Denn ich bin ein Mann mit unreinen Lippen und lebe mitten in einem Volk mit unreinen Lippen, und meine Augen haben den König, den Herrn der Heere, gesehen. Da flog einer der Seraphim zu mir; er trug in seiner Hand eine glühende Kohle, die er mit einer Zange vom Altar genommen hatte. Er berührte damit meinen Mund und sagte: Das hier hat deine Lippen berührt, deine Schuld ist getilgt, deine Sünde gesühnt. Danach hörte ich die Stimme des Herrn, der fragte: Wen soll ich senden? Wer wird für uns gehen? Ich antwortete: Hier bin ich, Herr, sende mich! Und er sprach: Gehe hin und sprich zu diesem Volk: Ihr hört und versteht es nicht; ihr seht und merket es nicht."

Ohne Geburah wäre Jesaja nicht würdig gewesen, dem Allmächtigen als Prophet zu dienen und das Volk von Chesed aus zu unterweisen. Im Sinne der Sephirah Geburah wird der Prophet Mose von Gott eingesetzt, damit er das Volk von der Zweiheit absondert und in die Einheit führt. Mit welchen Schwierigkeiten dies verbunden ist, erfahren wir in Exodus, dem zweiten Buch Mose.

Alle Formen der Absonderung sind notwendige Schritte, ohne die Gestaltwerdung unmöglich bleibt. Geburah selbst ist nicht böse im Sinne von schlecht. Schlecht ist nur das Nichtausbalancierte zwischen Chesed und Geburah. Unausbalancierte Güte ist ebenso schlecht wie unausbalancierte Härte. Das Bestreben nach Ausgewogenheit beherrscht bereits die vorangegangenen Sphären. Zuviel Chockmah brächte Chaos hervor. Zuviel Binah würde in die Erstarrung führen. Aber das Gleichgewicht zwischen Chokmah und Binah wird durch Kether gehalten.

In Folge dessen führt zuviel Chesed in die Degeneration, zu Verweichlichung und Schwäche. Und zuviel Geburah bringt allgemeine Verrohung, Zerfall und Grausamkeit mit sich.

In Aufbau und Abbau liegt das Gesetz aller Welten, Entstehung und Zerfall müssen in ein Gleichgewicht gebracht werden. Die ständigen Konflikte, denen jeder Mensch ausgeliefert ist, ringen nur um diese Balance. Darin enthüllt sich ein kosmisches Gesetz, und es wird den Kabbalisten allzeit unverständlich bleiben, wieso Ihre Mitmenschen versuchen, Konflikten aus dem Weg zu gehen, anstatt sie zu ertragen und dadurch mitzuerleben, wie sie sich im Wirbel der Zeit entweder verändern oder durch Selbsterkenntnis erlösen. Wenn seine Gesinnung ausbalanciert und ehrlich ist, braucht der Mensch Geburah nicht zu fürchten. Aber jede kleinste Unaufrichtigkeit, jede Feigheit und jede verborgene Falschheit wird von Geburah geahndet.

Die Angst vor dem Prinzip der Zerstörung durch Geburah ist lediglich Ausdruck des Festhaltens an einer Illusion, die man sich vortäuscht. Der Zerstörung fällt immer nur anheim was im kosmischen Sinne unecht ist. Ewiges oder göttlich Gesegnetes kann nicht zerstört werden.

Das magische Bild von Geburah zeigt einen mächtigen Krieger in seinem Streitwagen. Viele Heilige Schriften, wie die Bhagavad Gita oder das Alte Testament, transportieren ihre Lehre in Kriegsterminologie. Damit wollen sie metaphorisch den inneren Kampf des Erdenbürgers aufzeigen. Denn zu jeder Sekunde seines Daseins muss er sich neu entscheiden, ob es im Moment sinnvoller ist, Gott oder dem Satan zu dienen.

Der himmlische Chirurg ist eine zusätzliche Definition von Geburah. Die vorgegebene Form, die im Feinstofflichen existiert, muss erhalten bleiben. Wenn das Chesed-Wachstum an einer Stelle überhand nimmt, bedarf es eines Beschnittes durch das Skalpell von Geburah.

Im Talmud entspricht Geburah dem sechsten Himmel, der *Machon*, Ort oder Sitz, heißt. Es wird gesagt, an diesem Ort lagern schädlicher Tau, zerstörende Hagelkörner und schreckliche Eiseskälte. Darüber hinaus stehen die Tore von

Machon in Flammen. Diese abscheulichen Manifestationen entsprechen dem Prinzip der Verneinung, wie es auch auf der Sephirah Geburah vorherrscht, die wir deshalb *Palast des Willens* nennen. Alle Zerstörung, die von hier kommt, dient dem Gleichgewicht und der Harmonie, damit die Schöpfung in ihrer ausgewogenen Form verweilt. Deswegen sagt man zu Geburah manchmal auch *Din*, das Gericht. Und im Vaterunser heißt das Gebet: Dein Wille geschehe!

Der Ritter in der glänzenden Uniform eignet sich ebenso als Bild für Geburah. Ein Ritter tötet ehrenhaft. Das Rittertum war ursprünglich nicht erblich zu erlangen. Eigene Leistungen und bestandene Prüfungen wurden eingefordert. Den Ritterschlag verlieh der König selbst in einer Zeremonie an seinem Thron. Das Rittertum definierte sich durch die Treue zum König und durch das Gesetz von Zucht und Ordnung, in dem jegliche Ausschweifung gezügelt wurde.

Eine wichtige Figur von Geburah ist Anah; sie stellt eine junge aufregende Frau in einem roten Kleid dar. Der Name Anah bedeutet sinngemäß: die Jungfrau, die voll Erbarmen ist, und Jehova ist ihr gnädig.

Die zerstörende Kraft von Geburah trägt den Gottesfunken von Kether ebenso wie die mütterliche Fürsorge von Aima auf der Sephirah Binah in sich. Anah sorgt dafür, dass die kriegerischen Kräfte sich zur rechten Zeit zurückziehen, damit die aufbauende Kraft von Chesed wieder eingreifen kann. Anah bürgt auf Geburah dafür, dass die Kräfte der Zerstörung niemals den endgültigen Sieg davontragen. Jeder Zerstörungswille, der nicht von dem ewigen Gesetz gespeist wird, sondern dem Wahn des zeitlich begrenzten Gemütes unterliegt, wird wirkungslos bleiben, da ein kosmisches Gesetz die Wahrhaftigkeit beschützt. Es ist jene Anah, die einen kühlen Kopf bewahrt, zum rechten Zeitpunkt eingreift und dem Kampf ein Ende setzt.

Betrachten wir nun Geburah in den vier kabbalistischen Welten.

Geburah in der Welt des Ursprungs, auf Aziluth heißt *Elohim Gibbor*. Eloha bedeutet Göttin. Und *im* ist im Hebräischen eine maskuline Plural-Endung. Elohim ist bereits im Gottesnamen von Binah enthalten. Mit dem männlichen Plural auf der weiblichen Seite wird der Todesaspekt von Geburah durch Lebendigkeit angereichert. Gibbor bedeutet der Allmächtige, ausführlicher gesagt: die alles überwindende Kraft, die zuletzt immer Sieger bleibt.

Zu Geburah auf Briah, in der Welt der Schöpfung, gehört der *Erzengel Kamael*. Dessen Name *das verbrennende Feuer* oder das *Gift Gottes* bedeutet.

Kamael ist die rechte Hand Gottes, die für ihn das kriegerische Schwert führt. Kamael bleibt immer unbestechlich, und wenn es sein muss, öffnet Kamael seine glühenden Augen und wirft die erste Fackel zum Krieg auf den Boden. Diese Kraft fordert absolute Ehrlichkeit, jegliche Heuchelei wird von Kamael mit Konsequenzen beladen und hart bestraft. Kamael verbrennt das Unaufrichtige und schlägt jene Wunden, ohne die Gestaltwerdung unmöglich bleibt.

Der Erzengel Kamael steht als Urbild hinter einem Opferpriester. In archaischer Zeit gab es Blutopfer, die gebracht wurden; zunächst waren es Menschen, später Tiere. In der Antike wandelte sich die Prozedur zum Rauchopfer. Weihrauch und andere Essenzen werden heute noch verkohlt und steigen als duftendes Opferwerk empor an den Thron der Herrlichkeit. Das archaische Ansinnen in diesem Prinzip hat sich erhalten. Freiwillig ein Opfer zu bringen, verschont von der Härte Geburahs, also räuchert der Opferpriester immer vor seinen Anrufungen.

Die Heerscharen von Geburah in der Welt der Formgebung auf Jezirah sind die *Seraphim*, die Brennenden. Sie besitzen eine große reinigende Kraft und sind vergleichbar mit flackernden Feuerzungen. Jesaja beschreibt diese Engel als menschenähnliche Wesen mit Händen und Gesicht. Das Besondere an ihnen sind ihre sechs Flügel, mit denen sie sehr schnell überall hinflattern können, um ihrem Auftrag des Ausbrennens nachzukommen.

In der Welt der Erscheinung, auf Assiah, wird Geburah durch das Urprinzip Mars bestimmt. Mars beschreiben wir in der Astrosophie als männliches Urprinzip. Auf dem Lebensbaum nimmt der alleinige Aspekt des Zerstörens Besitz von Mars, weshalb man ihn auf die weibliche Seite stellt.

Geburah-Symbole sind das Schwert und alle scharfen Messer. Auch die Lanze, der Speer, die Fessel oder die Geißel eignen sich als Repräsentanten. Moderne Ausdruckformen sind Desinfektionsmittel oder Antibiotika. Im religiösen Kontext kennen wir auf Geburah das Purgatorium, das Fegefeuer, das der Reinigung der Seele dient. Im menschlichen Körper werden die rechte Schulter und der rechte Arm zugeordnet. Die Farbe von Geburah ist Rot.

Die Sephirah Tiphareth

Tiphareth, die Schönheit, strahlt uns als sechste Sephirah auf der Säule des Ausgleichs entgegen und bildet die Mitte von oben und unten, von rechts und links. Tiphareth heißt auch Pracht oder Prunk und steht über den Pfad *Gimel* in direkter Verbindung mit dem Thron der Herrlichkeit.

Die vielgerühmte Schönheit dieser Sephirah beruht auf der Ausgewogenheit der Gegensätze. Denn zum ersten Mal seit der Emanation der Schöpfung finden die konträren Prinzipien wieder zueinander in der Sphäre Tiphareth. Dies ist die berühmte Mitte, die der Eingeweihte anstrebt. Tiphareth entspricht Kether auf einer niedrigeren Ebene.

Auf Tiphareth befindet sich der Tempel der Meister. Darunter versteht man einen feinstofflich erbauten Ort. Wir stellen uns eine subtile Kathedrale vor, in der alle Tempel zusammenlaufen. *Die große weiße Loge*, sagt man auch dazu. Es heißt, wenn der Schüler bereit ist, erscheint der Meister von Tiphareth, doch dieser ist kein Mensch von Malkuth, sondern eine kosmische Kraft aus der Kirche der Kirchen.

Der Stammvater Abraham wurzelt laut Talmud im fünften Himmel, der *Ma'on*, Wohnsitz, genannt wird. Dort preisen die Engel des nachts den Herrn, bei Tag aber schweigen sie, damit die Lobpreisungen des Volkes Israel bis an den Thron des Allmächtigen hinauf tönen. Der fünfte Himmel von unten gezählt entspricht der Sephirah Tiphareth. Als Abraham noch Abram hieß, sagte er zu Sarai, die später Sarah genannt wurde: „Siehe, ich weiß, Du bist ein Weib schönen Anblickes!“ Diese Aussage des Stammvaters bezieht sich wegen der Schönheit auf die

Sephirah Tiphareth und wegen des Wissens auf Da'ath. Denn aus Tiphareth heraus öffnet sich für die Seele nach ihrer Transition ein Tor, das die geheime Sephirah Da'ath erschauen lässt. So lautet die Verheißung der jüdischen Mystik, und diese heißt *Sithre Thora*, Geheimnis der Thora.

Das magische Bild von Tiphareth ist ein dreifältiges magisches Bild: Ein König, ein Kind und ein geopferter Gott. Von Kether aus betrachtet bleibt Tiphareth ein Kind, von Malkuth aus ein König.

Der geopferte Gott war schon zu allen Zeiten ein religiöses Mysterium, denken wir zum Beispiel an Krishna, Osiris oder Dionysos. In solche Mysterien hüllen Menschen das Wissen um den Verzicht Gottes auf Seinen eigenen Willen zugunsten des Menschen. Das wird jedoch gleichzeitig das Golgatha, die Schädelstätte, für die Opferung des Sohnes. Der wahre Mensch, Gottes Sohn, der Menschensohn, muss bis Tiphareth hinauf gelangen, wenn er Thelema, den Willen Gottes, erkennen und verwirklichen will. Auch wenn es orthodoxe Juden nicht hören möchten, so wird dennoch im Christentum das Kind des Gottes von Chockmah mit einer Jungfrau von Malkuth geboren und ein Gott, nämlich Christus, geopfert. Die eigentliche Mystik bahnt sich immer einen Weg in die Erweiterung der äußeren Religion. Durch den Kreuzestod erfüllt sich die Tradition des Himmels Ma'on auf der Sephirah Tiphareth. Denn auch Abraham war bereit, für die Verherrlichung Gottes seinen Sohn hinzugeben. Der *Palast der Liebe*, wie Tiphareth auch häufig genannt wird, besiegelt die unbedingte Nähe zwischen Mensch und Gott. In der Meditation von *Kavanah* stellt sich der Mystiker vor, ganz von dem Licht von Tiphareth umgeben zu sein – rechts, links, oben, unten, ganz rundherum, überall sei Licht. Ist er ganz in dem großen Glanz des überirdischen *All-Ein-Sein* eingegangen, richtet er ein Tipareth-Gebet von *Hayim Vital* aus dem 16. Jahrhundert an den Allmächtigen: „Herr aller Welten! Dir ist offenbar, dass ich mich Deinem Glanze nicht zu meinem eigenen Ruhm überlasse, sondern Allein zur Ehre Deines Namens und zum Ruhme der Einheit Deines heiligen Seins; auf dass ich erfahre, wie ich Dir dienen darf. Hilf mir, stärke mich und ermutige mich, Dich in mir selbst zu entdecken. Erleuchte Du meine Augen, damit ich nicht den Schlaf des Todes schlafe. Schaffe mir ein reines Herz, O mein Gott, und erneuere in mir einen standhaften Geist."

Die innere Harmonie Kethers findet hier zu ihrem schönsten Ausdruck und erzeugt eine glühende Verehrung im Herzen des Betenden. Und der Adept wird wegen seines Wunsches, in den Treuedienst des Herrn zu streben, ein Gerechter genannt. Zum Zeichen der Vermittlung zwischen oben und unten lautet das Vaterunser auf Tiphareth: Wie im Himmel, so auf Erden!

Tiphareth, in der Welt des Ursprunges auf Aziluth, wird bereichert von dem Gottesnamen *JHVH Eloah Va Da'ath*. Dies bedeutet sinngemäß, der Allwissende und die Offenbarung Gottes in der Sphäre des Geistes. Hier werden höchste Erkenntnisse und Einheitserfahrungen möglich. Im Licht des Gottesnamen von Tiphareth enthüllt sich das Urwissen. Kosmisches Bewusstsein, Illumination, Erleuchtung, speist sich von dieser Sephira. Wer sich in den Lichtstrahl von Tiphareth zu erheben vermag, erschaut jene Fragmente des Urwissens, die keinen persönlichen Charakter mehr aufweisen und deswegen von überirdischer Macht durchtränkt sind.

Tiphareth in der Welt der Schöpfung auf Briah wird von dem *Erzengel Michael* beherrscht. Michael bedeutet: einer, der wie

Gott ist. Er verkörpert die Synthese von Chesed und Geburah. Michael kennt sowohl Gottes Gnade als auch Gottes rächendes Feuer und kann beides in Anwendung bringen. Deshalb heißt Michael der Fürst des Lichtes. Die Katholische Kirche stellt ihn gleichsam als Drachentöter in ihren Dienst, um die Finsternis zu bekämpfen. Wie er den abtrünnigen Samael aus dem Himmel gestoßen hat, so musste er im Urchristentum als Symbol herhalten, wenn heidnische Bräuche ausgebrannt wurden. Von Rudolf Steiner stammt das folgende Zitat: „Michael befreit die Gedanken aus dem Bereich des Kopfes; er macht ihnen den Weg zum Herzen frei. Das Michaelizeitalter ist angebrochen, wenn die Herzen beginnen Gedanken zu haben. Die Begeisterung entströmt nicht mehr bloß mystischem Dunkel, sondern gedankengetragener Seelenklarheit. Dies zu verstehen, heißt Michael in seinem Gemüt aufzunehmen. Gedanken, die heute nach dem Erfassen des Geistigen trachten, müssen Herzen entstammen, die für Michael als den feurigen Gedankenfürsten des Weltalls schlagen."

Und Emil Bock schreibt: „Der Mensch von heute darf sich sagen: Ich bin in eine Zeit hineingeboren (...), in der ich als Zeitgenossen Christus und Michael antreffe. Und ich will auf die Augenblicke achten, in denen vielleicht nur noch eine dünne Wand mich von ihnen trennt und ich nur den inneren Glauben haben muss, sodass die Wand zerreißt und ich sehe, wer bei mir ist. Dann wird sich die Welt verjüngen durch die Gottesnähe."

In der Welt der Formgebung von Jezirah herrschen auf Tiphareth die *Heerscharen der Engel Malchim*. Das sind die Engelskönige. Diese Boten verrichten die Kleinarbeiten des Erzengels Michael. Er symbolisiert die Sonne als Ganzes. Die Malachim sind gleichsam die Lichtstrahlen der Sonne. Michael und die Malachim sind verantwortlich dafür, dass der Widerschein des Lichtes für die Möglichkeit zur Erkenntnis in der Welt bleibt. „Das äußere Gewand der Verheimlichung bedeckt das innere Gewand der Herrlichkeit," sagt Dion Fortune zu Tiphareth. Es sind die Malachim, die uns Menschen helfen, dieses Mysterium zu erkennen. Wichtig bleibt, zu jeder Zeit zu erfassen, wie still die Hilfe vonstatten geht. Die Malchim reisen nicht als süßliche Schutzengel auf Astralwolken herbei, um uns in wunderhübschen Visionen zu erscheinen. Wahre Kontakte zum Überirdischen vollziehen sich für den Eingeweihten im Stillen und beweisen sich als seine eigene Fähigkeit, das größere Licht der Erkenntnis in Gebete, Gedanken und Werke zu fassen.

Tiphareth in der Welt der Erscheinung auf Assiah wird von der Sonne beherrscht. Das männliche Sonnenprinzip symbolisiert seit altersher den Schöpfergott als Lebenserhalter. Wertfreies Verströmen der Energie kennzeichnet die wesentliche Tugend des Sonnelogos. Gottes Sohn, Christus, wird deshalb wie der ägyptische Osiris der Sonne zugeordnet. Die Sonne bestimmt den Jahreslauf, und der Gottessohn markiert mit seinem Weg die Feste. Deshalb gehören Sonn- und Feiertage zu Tiphareth. Das besondere Heilsversprechen des Christentums wird durch die Sonne im Symbol der Monstranz als Tiphareth offenbart, darin liegt die Versöhnung, die Verbindung von Gott und Menschheit durch den Sohn Gottes.

Das Judentum, der Islam und der Buddhismus verehren eher den formlosen Aspekt Gottes als Kether und klammern einen gottgleichen Vermittler aus. Das Besondere am Christentum ist hingegen die vollständige Inkarnation Gottes. Der aufgestiegene Menschensohn entspricht dem platonischen Universal aller Menschen! Die Menschen bilden davon die Partikel und finden im Universal ihren wahren Heimatort. Darum gibt es die Idee von der Parusie Christi. Darunter versteht man den aufgestiegenen und wiedergekehrten Menschensohn als Priester-Archetypus, der allerdings nicht mehr in der Menschheit sichtbar wird. Er kann nur dem zu Höherem Geweihten als Juwel im eigenen Herzen erscheinen.

Als Symbol hält Tiphareth das Lamen oder Brustschild bereit. Es wird über die Brust gelegt, um zu zeigen, auf welcher Ebene der Priester arbeitet. Davon wurde das eher profan angewandte Amulett abgeleitet. Mit dem heiligen Lamen auf dem Herzen kann eine magische Operation durchgeführt werden. Es führt zu massiven psychischen Schäden, wenn der Magier nicht weiß, dass er auf unsichtbaren Ebenen handelt. Das Lamen schützt ihn davor, das dadurch heranwachsende Ego für die Profanität einzusetzen. Das Lamen hält sozusagen das Herz an Gott fest.

Weitere Symbole sind das Rosenkreuz, das Kalvarienkreuz mit dem verlängerten Balken nach unten als Opferkreuz. Das Andreaskreuz versinnbildlicht die vor der Brust verschränkten Arme des Guten Hirten, wie dies bei dem ägyptischen Osiris dargestellt wurde.

Der Pyramidenstumpf symbolisiert die sechste Sphäre. Die eigene menschliche Kraft führt nur bis Tiphareth, der andere Teil, die Pyramidenspitze, muss ergänzend von oben herabkommen.

Im Körper finden wir das Herz und den Solar Plexus, das Sonnengeflecht. Die Farbe von Tiphareth setzt man gleich mit einem strahlenden Sonnengelb.

Nun wollen wir abschließend eine lichtvolle Erkenntnis von Tiphareth verinnerlichen:

Wenn Du das All-Ein-Sein erreichen willst,
muss Dein Herz zuerst zu Gott zurückkehren,
nachdem Du Dich lange Zeit von
Ihm abgewendet hattest.
Weihe Deine Glieder,
forme Dich zu einem Ort des
Glanzes für den Geist des Alls,
schmücke Dich mit Gottesworten
und verwandele Dein eigenes Leben zu
einer Arche der Shekinah.

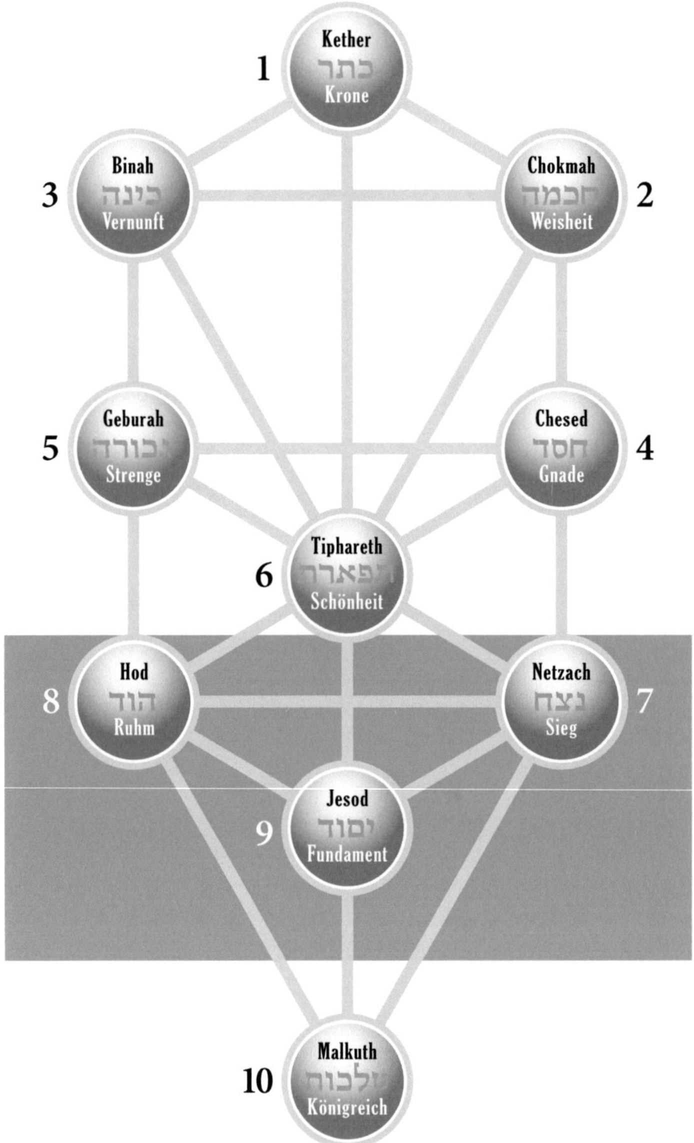

1
Kether
כתר
Krone
3
Binah
בינה
Vernunft
Chokmah
חכמה
Weisheit
2
5
Geburah
גבורה
Strenge
Chesed
חסד
Gnade
4
6
Tiphareth
תפארת
Schönheit
8
Hod
הוד
Ruhm
Netzach
נצח
Sieg
7
9
Jesod
יסוד
Fundament
10
Malkuth
מלכות
Königreich

Die Sephiroth Nezach, Hod, Jesod

Die Welten von Aziluth und Briah bestimmen die höheren Gebiete des Bewusstseins, in denen die schöpferische und offenbarende Qualität des Allmächtigen vorherrscht. Nun wenden wir uns den drei Emanation von Jezirah zu, um zu verstehen, auf welche Weise der Geist des Alls in die Form gerinnt, und was in der Form geschehen muss, damit der darin verborgene Geist lebendig bleibt.

Besonders das Judentum zeichnet sich durch eine Vielzahl von Vorschriften aus, die sich bis in das tägliche Leben hinein verströmen und das Volk Israel mit Jahwe verbinden. Zum Beispiel dürfen die Buchstaben der Thora nur mit einer kleinen Lesehand an einem Stab, dem sogenannten *Jad*, und nicht mit den Fingern berührt werden. Der Sabbat wird heilig und ohne profane Arbeit begangen. Brot verzehrt man immer ungesäuert. Fleisch muss zum Verzehr koscher, also vorschriftsmäßig geschlachtet sein und darf nicht mit Milchprodukten gemischt werden. Noch sehr vieles mehr könnten wir hier aufzählen.

Was im Judentum vordergründig als Gesetzestreue gelebt wird, erscheint dem Christen wie eine Kandare, an die der Älteste der Alten seine Gläubigen in großer Strenge genommen hat. Jeder praktizierende Jude wird uns hier aber vehement widersprechen. Richtig verstanden folgt man weder blind noch erstarrt einem von der Religion verabreichten Gesetz. Mit den Regeln, die sich der Jude auferlegt, möchte er täglich seine *Emuna*, seine Treue zur Thora vor dem Auge des Herrn unter Beweis stellen.

Möge ein Zitat aus dem dritten Jahrhundert unser Verständnis dafür erweitern. *Rabbi Simlai*, ein Exeget der *Mischna*, formuliert es so: „613 Gebote wurden Mose anbefohlen; 365 ‚Du sollst nicht!' und 248 ‚Du sollst!' Diese Gebote hat König David in elf Tugenden zusammengefasst: Gradheit; Gerechtigkeit; Wahrheit; Scheu vor der Verleumdung des Nächsten; Verachtung des Niederen; Verehrung des Himmlischen; Heilighaltung der Eide; Ausleihen ohne Zinsen; Enthaltung von Bestechung. Jesaja zog dieselben in sechs Leitgedanken zusammen: Wandeln in Gerechtigkeit; Sprechen in Aufrichtigkeit; Verachtung des Eigennutzes; die Hand von Bestechung lassen; das Ohr vor bösen Einflüsterungen verschließen; das Auge abwenden von niederen Gelüsten. Und Micha reduzierte das Gesetz auf drei Grundsätze: Recht üben; Wohltätigkeit lieben; in Demut wandeln. Endlich kam Habakuk und ersetzte alle Verordnungen durch den einzigen Grundsatz: Der Gerechte lebt immer ganz in seiner Emuna, in seiner Treue zur Thora."

So weit Rabbi Simlai, der mit Hilfe des Propheten Habakuk alle sechshundertunddreizehn Gebote in das Volk Israel zurückruft, allerdings nicht als Strenge des Allerhöchsten. Tatsächlich wird die Gesetzestreue von Seiten der Juden nicht als Befehl von oben empfunden, vielmehr als Gelegenheit, sich auf Erden zu jeder Zeit der Zugehörigkeit zu dem Plan Gottes zu vergewissern. Der Rabbiner verankert zwei fundamentale Säulen des Religiösen in unseren Herzen, die auch den ganzen Lebensbaum als göttliche Wohltaten durchströmen: Emuna und Zaddik, Treue und Gerechtigkeit.

Der Gerechte ist ein Zaddik. Dieser hält wie Hiob dermaßen rechtschaffen an seiner Gottesliebe fest, dass er auch in größtem Leid keine Zweifel an Gottes Plan und Seiner Liebe aufkommen lässt. Der Zaddik kann deshalb als Vermittler zwischen Mensch und Gott fungieren. Auf seine nachdrückliche Bitte hin vermag der Mensch Reue zu empfinden und *Teschubah* zu erreichen, das heißt, die Umkehr zu verwirklichen. Wendet sich ein Abtrünniger ehrlichen Sinnes und voller Freude dem Himmel zu, verwandelt der Allerhöchste jedwede Strenge in göttliche Gnade.

Über den Gerechten, den Zaddik, sagte im 13. Jahrhundert der spanische Kabbalist *Josef ben Abraham Gikatilla* folgendes: „Der Gerechte steht da und blickt auf die Menschheit. Wenn er sieht, dass die Menschen sich mit der Thora befassen und versuchen, sich daran zu läutern, dann dehnt der Zaddik sich aus, füllt sich mit der von oben herabfließenden Emanation und gießt sie in die Shekinah, in die Göttliche Herrlichkeit auf Erden, um jene zu belohnen, die an der Thora festhalten. (...) Daher wird die Shekinah gesegnet durch die Gerechten, und die gesamte Welt ist ebenso davon gesegnet. (...) Wer dieses Geheimnis versteht, der versteht auch die Macht des Menschen, aufzubauen und zu zerstören. Komm' und siehe die Macht der Gerechten: Sie vereinen alle Sephiroth und bringen Harmonie in die oberen und unteren Welten."

In derselben Liebesglut wie David, der König von Juda, sich der badenden Schönheit Batseba angenähert hatte, kehrte David durch das Einwirken des *Zaddik Nathan* lobsingend um zu Gott. Und sogleich hat der Herr David alle Sünden vergeben. Denn im religiösen Kontext der Juden nimmt Gottesnähe immer den höchsten Rang ein; ist der Lobpreis bis in die Tiefen der Seele ehrlich gemeint, zählen alle Verfehlungen, die davor als Schuld angerechnet wurden, nicht mehr. Jeder Jude bedauert den Archetypus eines Ungläubigen, der sich seiner Religion vollständig entledigt zu haben scheint. Es wird jedoch ergänzend dazu immer erzählt, wie dieser in einer selbstverursachten und chaotischen Situation so sehr um Gottesnähe fleht, dass seine Bitte erhört wird.

Der jüdische Religionsphilosoph Martin Buber hinterließ chassidische Geschichten des Rabbiners *Menachem Mendel von Witebsk.* Eine dieser Erzählungen handelt von einem allzu selbstsicheren Prahlhans, den seine Eitelkeit dazu veranlasste, durch subversive Ränkeschmiede und gezielte Lügereien beträchtliche Verwirrung unter seinen Mitmenschen zu stiften. Doch in einem lichten Augenblick bereute er seinen Frevel aus ehrlicher Brust und kehrte um. Von einem auf den anderen Tag begann er, ein bescheidenes und lauteres Leben zu führen. So wurde er schließlich erlöst und nahm einen hohen Rang in den Himmelsregionen ein.

Solchen Legenden zufolge hält das Judentum die Erkenntnis bereit, dass der sonst so strafende Allmächtige unter der Voraussetzung einer Umkehr Milde, Erbarmen und Liebe auf den Menschen hernieder fließen lässt. All diese Mythen berühren jene unfassbare Gnade, die an vielen Stellen in das Christentum eingeflossen ist. Denken wir hierbei besonders an die Erlösung von Gestas, dem gläubigen Schächer zur Rechten am Kreuz Jesu.

In den nächsten Gedanken wollen wir uns der dritten Trinität der Sephiroth im Lebensbaum zuwenden. Netzach, Hod und Jesod nehmen die Vorbereitung zur Manifestation vor und bilden gemeinsam Jezirah, die Welt der Formgebung.

Das *Devachan*, die obere Welt der Erhabenheit, bleibt durch den Abyssus vor unberechtigten Eindringlingen bewahrt. In ähnlicher Weise werden die Sephiroth der Ebene Briah, nämlich Chesed, Geburah und Tiphareth, durch einen Schleier von Jezirah getrennt. Dieser Schleier heißt im Hebräischen *Paroketh* und ist verwandt mit dem Tempelvorhang des Salomonischen Tempels, der das Allerheiligste von den vorderen Tempelräumen trennt, in die nicht nur der Hohepriester, sondern auch die Gläubigen Einlass finden. In Exodus 26 Vers 31 lesen wir in der Anweisung für das Stiftszelt: „Du sollst einen Vorhang machen aus blauem und rotem Purpur, Scharlach und gezwirnter feiner Leinwand und sollst Cherubim einweben in kunstreicher Arbeit."

Die Cherubim weisen auf die Heerscharen der Engel auf dem Baum von Jezirah hin; sie werden als Schutzmaßnahme in den Vorhang eingewoben, damit sie Unwürdige davon abhalten, in den Wirkbereich der Erzengel und Gottesnamen der beiden oberen Welten vorzustoßen. Wohlbemerkt – die Bewohner von Aziluth durchschauen von oben den ganzen Lebensbaum, als wäre er aus feinstem Glas. Tatsächlich steigt das Licht im Lebensbaum gleichsam weißglänzend herunter und strömt aus dem gereinigten Farbspektrum der unteren Welten wieder hinauf. So werden die Schöpfungselemente untereinander in Abstimmung gebracht. Jedoch der Abyssus und der Paroketh bewirken das Fernhalten niederer Gesinnungen. Damit diese den Baum zu keiner Zeit einnehmen können, sind für die Blicke von unten nach oben der Abyssus und der Vorhang als Hindernisse eingefügt. Wir, die wir ganz unten stehen und dem Machtbereich der gestürzten Widersacher teilweise ausgesetzt sind, erkennen aber, wie jener Paroketh, welcher Jezirah und Briah voneinander trennt, deutlich weniger Gefährlichkeit aufweist, als der Abgrund vor Aziluth, von dem es heißt, man könne ihn nur überfliegen.

Die Sephirah Nezach

Das psychische Dreieck im Lebensbaum oder Jezirah, die Welt der Formgebung, führt uns zuerst auf die Sephirah Nezach, der Sieg. Nezach ist die siebente Sephirah auf dem Baum des Lebens und befindet sich auf der männlichen Säule der Gnade unterhalb von Chesed.

Sprechen wir von Nezach, so sehen wir ein wunderschönes vielfarbig irisierendes Lichtspektrum vor unseren geistigen Augen. Der ursprünglich ruhige und überirdische Glanz von Kether fächert sich über mehrere Zyklen der Manifestation prismatisch in alle möglichen Farben auf, die viel mehr strahlen, als wir dies von unseren physikalischen Farben her kennen. Da die Schöpfung in der Welt von Jezirah eine Aufspaltung und Verdichtung erfährt, wird das gleißende Licht von Tiphareth auf Nezach in eine Farbenpracht gebrochen.

Nicht nur Farben leuchten hier zu Höchstformen auf, auch Instinkte, Gefühle und Emotionen durchdringen sich in der Sephirah Nezach, sie sind immer in Bewegung, umschlingen sich und lösen sich wieder. Aus diesem Geschehen entsteht ein Bereich, in dem ein Künstler eintaucht und seiner Fantasie freien Lauf lässt. Ähnlich einer feinstofflichen Datenbank findet er hier alle möglichen abstrakten Farben oder Formen, wie beispielweise gerade Linien, exakte Winkel, weiche Kurven. Ebenso gibt es auf Nezach alle Töne, aus denen ein Komponist seine besondere Musik zusammenfügt. Die fertige Musik selbst existiert noch nicht, aber die Idee der Harmonie schwingt hier schon mit, gleichsam als göttliches Erbe auf der männliche Säule des Baumes. Jede Manifestation, die wir als Menschen schön und harmonisch finden, hat sich zuvor hier bedient.

Durch ihren reichen Glanz liefert die Sephirah Nezach die Inspiration und darf als die ideenreiche Energie hinter Kunst, Tanz, Musik und dem grundlegenden Bedürfnis zur Gestaltung bezeichnet werden. Wegen dieser Geschenke an die Kreativität bildet Nezach ein umfassendes Archiv der Formgebung, ein anmutiges Sammelbecken der Gestaltung. Da alles nur potentiell in seinen Formaspekten vorhanden ist und noch nicht zu einer sichtbaren Ordnung gefügt wird, gibt es hier noch keine konkreten Gegenstände.

Nezach wird deshalb *Sekhel Nistar*, das verborgene Bewusstsein genannt. Jedoch mit dem geistigen Auge und mit der Fähigkeit zur Vision kann die Eigenschaft von Nezach geschaut werden. Ein Mensch, dem Nezach fehlt, entbehrt auch der Fantasie. Wo die Vorstellungskraft nicht über die Dimension des Erdenlebens hinauszuragen vermag, überwiegen Vernunft und Pragmatismus. Dann sind Eingebungen aus höheren Bereichen fast unmöglich. Ein Mangel an Inspiration lässt uns den Sinn für die Zwischentöne auf allen Ebenen des Seins vermissen. Der überzeugte Rationalist wirkt deshalb auf geistreiche, sensitive Mitmenschen gehaltlos und ohne Glanz.

Andererseits birgt allzu viel Nezach im Gemüt des Menschen die Gefahr, in den Wahnsinn abzugleiten. In unheilbringenden Extremen werden die Energieformen dieser Sephirah nicht zur Förderung der Kreativität benutzt, sondern bleiben in der Triebhaftigkeit stecken. Dann lässt sich der Betroffene nur noch von seinen Illusionen, Wünschen oder Ängsten leiten und erliegt dem verführenden Aspekt von Nezach. Weil er dem Ordnungsprinzip der gegenüberliegenden Sephriah Hod nicht gestattet, seinen persönlichen Rausch zu kontrollieren, bleibt er seinen fünf Sinnen und seinen Launen ausgeliefert. Darum kommt es einem Segen gleich, wenn der Maler eine Fingerfertigkeit erlernt oder wenn der Komponist sich an musikalische Regeln zu halten hat. Es ist immer die Technik, die den Modellierer zu jener Disziplin zwingt, die aus Nezach Kunst hervorbringt. Wir sehen an diesen Beispielen, dass – ähnlich wie Chesed und Geburah – auch Nezach und Hod aufeinander angewiesen sind.

Das magische Bild von Nezach zeigt eine sehr schöne nackte Frau, die einen Bart trägt. In der Mythologie ist uns die bärtige Aphrodite bekannt. Auf Zypern erscheint sie bärtig mit einem Zepter, zum Zeichen ihrer Hoheit über alle mit Ästhetik und Erotik verbundenen Bereiche. Im Lebensbaum begibt sich die Liebesgöttin als weibliches Prinzip auf die männliche Säule, um den Formaspekt voranzutreiben und ihn mit Schönheit anzureichern. Auf Tiphareth hat es eine Vermischung gegeben; von nun an existiert keine eindeutige Zuordnung der Geschlechter mehr. Das 7. Prinzip im Kybalion formuliert: „Geschlecht ist in allem, alles hat männliche und weibliche Anteile." Unterscheiden wir in einem Ritual nicht deutlich zwischen Sol und Luna, männlich und weiblich, so bedienen wir an den Stationen nur die unteren Sephiroth.

In der Lehre des Talmud geht Nezach mit dem vierten Himmel einher, welcher *Sebul*, Wohnstätte, heißt. Gemeint ist ein Ort für den Tempelbau der Gottesliebe. Nezach trägt in sich die Verbindung zur ganzen Dimension der Liebe, und die Liebe erbaut die beste Obhut, um den Allmächtigen auf den unteren Ebenen seiner Schöpfung anzubeten. Tatsächlich wurden Kreativität und Kunst in der Antike als Werke der Götter verehrt. Erst in neuerer Zeit – etwa seit dem Auftauchen der Impressionisten – bilden Maler oder Bildhauer nur höchst selten noch etwas Heiliges ab.

In den Himmel Sebul gehört der zweite *Erzvater Isaak*, der auf der männlichen Säule zur Linken Gottes wohnt. Isaak umgibt sich mit den Seelen derer, die als Menschen für den Glauben gelitten haben, und rechtfertigt sie vor dem Geist des Alls. Von diesem Stammvater heißt es auch, er habe zu Lebzeiten großen Reichtum erlangt und sei dem Allerhöchsten bis in das hohe Alter treu ergeben geblieben.

Wenden wir uns nun dem Gottesnamen zu, so halten wir kurz inne und verfolgen einige Gedanken über das Mysterium des Namens. Wenn der Mensch sich in seinem Wesen über das persönliche Leben hinaus ausdehnt, so gebührt ihm ein neuer Name. Mönche und Nonnen, Kaiser oder Päpste wählen bei ihrer Amtseinsetzung einen neuen Namen, um das Amt von ihrer alltäglichen Identifikation abzuheben. Damit wird der Polarität des Lebens Aufmerksamkeit gezollt. Der Mensch ist ein duales Wesen, ein Teil von ihm gehört der himmlischen, der andere der irdischen Natur an. Zum Beispiel unterzeichnet der Mystiker sinnbildlich seine Taten in der Erdenwelt mit seinem irdischen Namen. Jedoch mit seinem rituell verliehenen Ordensnamen erhebt er sich auf geistige Ebenen und leistet dort seine Gelöbnisse für das Leben seiner Seele in der Ewigkeit. Er lernt, zwischen diesen beiden Qualitäten seines Daseins zu unterscheiden und praktiziert nicht das Eine an dem Platz des Anderen.

All diese Erkenntnisse gehen zurück in uralte Zeiten, wo man sogar einem Todkranken einen neuen Namen verlieh. Man glaubte, damit eine magische Errettung einzuleiten. Durch eine Umtaufung sollte die Seele zu einer anderen Seinsqualität geführt werden und die Lebenskraft erneuern können. Des weiteren trägt der Mensch gern Namen, in denen sich eine Gottheit verbirgt. Johannes, Jahwe ist gnädig; Jonathan, Jahwe hat gegeben; Joseph, Jahwe vermehre; Elisabeth, die Gottgeweihte; Dorothea, das Gottesgeschenk usw. - solche Namen verbinden ihren Träger mit Gott.

Wenn der Name für den Menschen schon eine enorme Bedeutung hat, um wieviel mehr können wir die Gottesnamen der Sephiroth wertschätzen? Mit jedem der zehn Namen offenbart sich uns eine andere Seite der Wesensfülle des All-Einen.

Der Gottesname von Nezach in Aziluth, der Welt des Ursprungs, lautet *JHVH Zebaoth*, Herr der Heerscharen. Bisweilen ist er im Deutschen auch mit *Sabaoth* aus dem Hebräischen übertragen worden. In der heiligen Schrift wird dieser Name mit Herr der Heerscharen, Herr der Vielen oder Herr der Menge übersetzt. In diesem Gottesnamen begegnen wir dem Prinzip der Differenzierung und Aufteilung ein und derselben Kraft in verschiedene, sich voneinander unterscheidende Äußerungen, was sich in den beiden Namenshälften offenbart. In JHVH erkennen wir die Synthese der Vier Elemente, Zebaoth hingegen führt eine Differenzierung der Vier Elemente durch. Und wo sich die Kräfte in so vielfältiger Weise tummeln, da pulsiert Lebendigkeit in höchstem Maße. So entspricht JHVH Zebaoth dem Gott des Lebens oder dem lebendigen Gott, wie er in der katholischen Liturgie genannt wird.

Zu der Sephirah Nezach auf dem Baum von Briah, der Welt der Schöpfung, gehören gleich drei Erzengel, die allerdings qualitativ eine Einheit bilden. Wie das einfarbige Licht, das sich durch ein Prisma zu buntem Licht auffächert, so zersplittert auch der Name des Erzengels von Nezach in drei Teile, nämlich in *Haniel*, *Phaniel* und *Auriel* und jeder der drei repräsentiert einen anderen Aspekt derselben Kraft.

Der Erzengel Haniel symbolisiert die herrliche Erscheinung Gottes, sein Name bedeutet soviel wie >Ich bin Gott<, denn er ist wie ein Lichtstrahl des lebendigen Gottes. Wir stellen uns Haniel in einer smaragdgrünen Robe vor, welche von einem roten Gürtel umschlungen wird. In der linken Hand trägt er eine brennende Öllampe, deren Licht sein Antlitz bescheint, und in seiner rechten hält er eine Waage, deren Schalen sich im Gleichgewicht befinden. Eine der Waagschalen enthält die Sinnhaftigkeit und die andere die Schönheit. Haniels Erscheinung ist weder ganz männlich, noch ganz weiblich, sein Wesen strahlt eher Androgynität aus. Er ist ein Erzengel der Erde und alles, was auf Erden mit schöner Gestaltung zu tun hat, ist sein eigentliches Element.

Bei seinem Namen Phaniel gerufen, verkörpert dieser Erzengel eher die Güte Gottes, weshalb ihm in dieser Form auch oft die Funktion des guten Hirten zugeschrieben wird. Manchmal wird er auch als das Gesicht Gottes bezeichnet, denn in seinem Antlitz spiegelt sich der vielfältige Ausdruck des göttlichen Glanzes auf der Ebene von Nezach. Der Erzengel Auriel oder Uriel verkörpert das Erdelement in seiner dichten Form, in der Erstarrung. Auriel verfolgt immer die Idee des Manifestierens, darum wird er das sichtbare Licht Gottes genannt. In der Gestalt des Teufels mit der brennenden Fackel zeigt sich dieses Licht Gottes, bildhaft dargestellt in der 15. Tarotsäule, dem Teufel. Seine Fackel ist nach unten gerichtet, denn Auriel weiß sich eng mit dem Walten der Naturkräfte verbunden und sein Ansinnen zielt schon auf Malkuth hin. Auriel kommt die Aufgabe zu, das göttliche Licht als Strahlung und Energie in die unterste Sphäre der männlichen, belebenden Säule zu tragen und es dort in vielfältigen Formen zum Ausdruck zu bringen. Auriel kann gleichgesetzt werden mit *Luzifer*. Dies ist sowohl ein Beiname des Morgensterns als auch ein Beiname des Teufels, denn der Name Luzifer bedeutet Lichtbringer, hergeleitet aus dem lateinischen *lux*, Licht und *ferre*, tragen, bringen. Luzifer bildet gleichsam die Form als jenen Widerstand, an dem sich das göttliche Licht erkennen lässt. Denn Licht ohne Form bliebe unsichtbar, deshalb bringt der Teufel das Licht. Dem Erzengel Auriel verdankt es der Mensch, dass er eine Rose in ihrem Körperkleid betrachten kann, weil das luziferische Einwirken, die Kraft seines Widerstandes, die Rose auf Malkuth manifestiert und zum Ausdruck bringt.

Auf Nezach in der Welt von Jezirah herrschen die Engelscharen *Elohim*. Im Judentum fungiert der Name Elohim als einer der Ersatznamen für JHVH, der Unaussprechbarkeit Gottes. Wenn nun hier in kabbalistischer Geheimlehre die Heerscharen diesen Namen tragen, so mögen wir annehmen, es liegt in den Händen dieser Engelmächte, in uns Menschen die Präsenz Gottes hervorzurufen. In der Antike waren es die neun Musen, die den Künstler mit dem Willen der Götter verbanden, und hier in Nezach sorgen die Heerscharen Elohim für die Verbindung mit dem lebendigen Gott.

In der Welt der Erscheinung, in Assia, müssen wir als erstes das astrologische Urprinzip Venus in seinem Wesen der Liebe begreifen. In der Mythologie stammt Venus als Tochter von Uranus ab. Wegen ihrer Heimat im höchsten Himmel versucht Venus, auf Erden die Gegensätze zu vereinen. In der Astrologie hat ihr dieses Ansinnen den Beinamen Kupplerin des Universums eingebracht. Venus will alles miteinander vermählen, wie alles auf Nezach sich umschlingt.

Viele Symbole, die zu Nezach gehören, tragen diesen Charakter des Vereinens oder Verbindens in sich. Die Lampe ist ein Sinnbild von Nezach, das Licht der Lampe verbindet das Sehen des Menschen auch bei Nacht mit den Gegenständen in seiner Umgebung. In vergangenen Zeiten wurde die Öllampe von Olivenöl gespeist. Die Olive als ölige grüne Frucht, gehört zu Nezach. Jenes Öl dieser Frucht hielt über Jahrhunderte hinweg das Ewiges Licht in Kirchen und auf Gräbern aufrecht. Natürlich gehört die Rose als Blume der Liebe auch auf diese Sephira. Die Taube, der Smaragd und das Labyrinth sind weiter Symbole von Nezach. In der Körperzuordnung nennen wir die *linke Hüfte*, und die Farbe ist *Smaragdgrün*.

Die Sephirah Hod

Nach der Sephirah Nezach führt uns die Schöpfung in die Sephirah *Hod*, das bedeutet Ruhm und Herrlichkeit. Hod ist die achte Sephirah auf dem Baum des Lebens und befindet sich auf der weiblichen Säule der Stärke unterhalb von Geburah.

Auf Hod geschieht die Einformung der von Nezach ausgehenden Energien. Das amorphe Feld von Nezach wird durch Hod in eine astrale Form gezogen und zergliedert. Der Charakter der Form entsteht hier; fertig ausgestaltet erscheint die Form jedoch erst auf der astralen Ebene von Jesod. Nezachs Erscheinungen waren noch anonym, auf Hod werden einzelne daraus hervorgeholt, um sie mit festen Strukturen und Namen zu versehen. Alle Namen und Benennungen wohnen auf Hod. Durch die systematische Kraft und die Fähigkeit zur Formulierung entspricht Hod der Wirkebene des Magiers, bzw. des praktizierenden Kabbalisten. Indem der Eingeweihte in seinem Ritual schematisch mit Formen umgeht, die mit der fluidalen Eigenschaft eines kosmischen Prinzips - zum Beispiel Licht mit Gott, Kelch mit der Göttin oder Stab mit dem Demiurgen – erfüllt sind, nimmt er Kontakt mit diesen Prinzipien auf. Die Gegenstände, Namen und Symbole, die er mit Bedeutung auflädt, wirken als Mittler für real stattfindende kosmischen Begegnungen. Auf hodische Weise nimmt man auch direkten Kontakt mit dem Egregore einer okkulten Tradition auf. Vollzieht man rituelle Ansprachen und Formeln in der richtigen Ausdrucksweise, wird das Egregore aufmerksam und macht sich von der anderen Seite der Wirklichkeit bereit, ein wenig herabzukommen, um eine zunächst feinstoffliche Kommunikation zu ermöglichen. Das Egregore bleibt aber stets auf der Hut, inwieweit die unteren Gefäße seine Wünsche erfüllen, um sich bei Verlust der Übereinstimmung auch wieder zurückzuziehen. Sobald aber dann unten die Form dem obigen Charakter vollständig entspricht, kehren die alten Götter zu den frischgeschürten Altarfeuern zurück. Ein Zitat von Dion Fortune zu diesen Gedanken lautet: „Das Ganze ist nicht schwerer, als ein wildgewordenes Pferd mit einem Korb Hafer wieder einzufangen."

Wird sich uns die Sephirah Nezach nur durch die Liebe und mentale Empathie erschließen, so bedarf es für das Ankommen in der Qualität von Hod der Fähigkeit des Separierens. Ohne ausreichendes Unterscheidungsvermögen könnte ein Maler nicht den richtigen Farbtupfer an die exakt passende Stelle in seinem Gemälde platzieren. Nur mit dieser detaillierten Fertigkeit lässt sich ein harmonisches Ganzes erschaffen. In ähnlicher Weise muss der Magier über stilsichere ausgeformte Visionen verfügen, damit ihm auch auf geistigen Ebenen die Handlungsbevollmächtigung erteilt wird. Hier liegt der eigentliche Grund für das Visualisieren, das Mysterienschulen ihren Adepten in großer Perfektion abverlangen. Auf Hod reichen schwärmerische Gedanken nicht aus, auf Hod gilt es zu jeder Zeit, sich religiös zu bekennen und sich in einem komplexen geistigen Zusammenhang sinngetreu bewegen zu können.

Im Sepher Jezirah wird Hod deshalb als perfekte Intelligenz bezeichnet. Durch die Anwesenheit auf der Säule der Stärke erfolgt hier eine Abstimmung mit Geburah und Binah. Aus der Fähigkeit, Stabilität hervorzubringen, ergibt sich auch der Charakter von Hod. Diese Sephirah verlangt von uns, im Bewusstsein die Fähigkeit aufzubringen, in schwarz und weiß zu polarisieren. Jegliche Feigheit oder ein unintelligentes Herumtaktieren in Relativierungen verschließt die Tore von Hod und ermöglicht weder Kunst noch ein erfolgreiches Voranschreiten auf dem Weg der Erkenntnis. Hod verlangt den klaren Blick auf die Wirklichkeit einer sich durch das Prinzip der Dualität stetig mehr ausformenden Schöpfung. Schuf der Demiurg auf Nezach noch die ungezügelten Farben und Formen, so verlangt er auf Hod die Zähmung dieser Vielfalt. Darum heißt es für die Sephirah Hod in Anlehnung an einen Text im Sohar: „Mit Triumph und Glorie musizierend, meißelnd, erbauend, malend, sprechend und töpfernd verankert sich der Künstler in den Künsten; mit System und Fleiß bringt er die Herrlichkeit der ganzen Welt in Form."

Das Kennzeichen einer Welt, die Bestand erlangen soll, offenbart sich in der Fähigkeit, das Gleichgewicht zwischen den Minus- und Pluspolen halten zu können. Im Gefahrenbereich von Hod liegt deshalb eine ausschließliche Intellektualität, welche die Lebendigkeit im Maße ihrer eigenen Ausformung erstickt. Vor lauter Namen, Wissen und Statuten vergisst der eifrige Kluge manchmal die Gebete von Nezach. Ohne Liebe zu Gott werden freilich alle Sakramente in sich sinnlos und finden keine Wege in die menschliche Seele. Sogar die schönsten philosophischen Worte zersplittern in leblose Kristalle, werden sie ohne Rückbindung an den höchsten Thron der Schöpfung ausgesprochen. Erst wenn sich Gottesliebe und Gottessehnsucht wieder als gleichstarke Partner an die Seite der Intelligenz stellen, erwacht auch die Seele zu neuer Lebendigkeit.

Das magische Bild von Hod ist ein Hermaphrodit. Diese Bezeichnung stammt aus der Hellenistischen Mythologie. Hermes zeugte mit Aphrodite einen Knaben – den Hermaphroditos. Als er zu einem schönen Jüngling herangewachsen war, verliebte sich eine Quellnymphe namens Salmakis in ihn. Er jedoch wusste nicht, was sie von ihm will und wich ihr aus. Als er einmal in ihrer Quelle badet, bespringt sie ihn und betet zu den Göttern, sie möge nie mehr von ihm getrennt werden. Von diesem Augenblick an sieht Hermaphroditos aus wie eine Frau, behält jedoch seine männlichen Geschlechtsteile. Im Gegensatz zum Androgyn, der sowohl männliche als auch weibliche Energien ausströmt, verfügt der Hermaphrodit über keinerlei Fruchtbarkeit mehr, seine Sexualkraft ist sterilisiert. Diese Geschichte ist zu einem Gleichnis der östlichen Amtsträger in abendländischen Ritualen geworden. Wenn die lange weibliche Robe den männlichen Priester einhüllt, wandelt er sich in den Hermaphroditen, dem es nicht mehr um physische Zeugung geht, sondern um geistige Überzeugung.

Im Talmud entspricht Hod dem dritten Himmel Schechakim. Leo Schaya schrieb dazu:

„Der dritte Himmel ist eine Kundgebung der Sephirah Hod, der göttlichen Majestät; obwohl er die Allmacht Gottes in ihrem strengen Anblick ausdrückt, ist er in seiner Mitte reine Gnade, erlösendes Licht. Er offenbart, dass Gottes Strenge nichts anderes ist als Seine Gnade, insofern sie alles verneint, was Ihn verneint. Die unmittelbaren Kundgebungen seiner göttlichen Mitte sind die Schechakim, die Wolken der Gnade, während sein Umkreis von Feuer und Flammen erfüllt ist. Der Talmud spricht nur von dem gnädigen Anblick dieses Himmels und nennt ihn deshalb Schechakim. Schechakim ist der Ort der Mühlsteine, die das Manna für die Gerechten mahlen, wie es heißt in Psalm 27: ‚Und Er gebot den Wolken, Schechakim, droben und tat auf die Himmelspforten und ließ Manna auf sie regnen und gab ihnen Himmelsbrot.' "

In diesem Himmel *Schechakim* nimmt der zeugungskräftigste Erzvater Jakob seine Wohnstatt. Jakobs Söhne stehen den zwölf Stämmen Israel vor. Als Sohn des Isaak und Enkel des Abraham gebührt es dem Stammhalter Jakob, die Prophezeiungen durch die Zeugung der zwölf Söhne zu erfüllen, aus denen alle Israeliten hervorgehen. Auch hier sehen wir deutlich das Prinzip der formgebenden Vermehrung, das die Sephirah Nezach hervorbringt, und durch die Strukturierung von Hod ihre sinnvolle Ergänzung erfährt.

In der Welt des Ursprungs, in Aziluth trägt Hod den Gottesnamen *Elohim Zebaoth*. Elohim, der weibliche und im Plural gefestigte Name Gottes in Verbindung mit Zebaoth kennzeichnet die Aufspaltung der Gotteskraft in ein Vielfaches. Auf Hod befindet sich die Manifestation der Vielheit in der vorletzten Ausarbeitung, bevor alles auf Jesod in die Form gebracht wird, um schließlich auf Malkuth in die sichtbare Erscheinung zu treten.

Hod in der Welt von Briah wird von dem Erzengel Raphael bedient, welcher dem Element Luft zugeordnet wird. Raphael wird auch der Arzt Gottes genannt. Seine wichtigsten Attribute sind eine Phiole, die einen Balsam enthält, und ein Schwert. Er arbeitet für das Ordnungsprinzip und systematisiert das Vorhandene. Er entscheidet, trennt ab, wo zuviel ist und fügt hinzu, wo etwas fehlt. Raphael spendet heilenden Balsam, um die ursprüngliche Chokmahkraft zu erfüllen und schneidet ab, was von Binah nicht gewünscht wird. Der Erzengel Khamael von Geburah hat große Wunden in die göttliche Einheit geschlagen, ohne die eine Gestaltwerdung nicht möglich ist. Geburah in der Sprache eines Bildhauers hieße, grob einen Steinblock in die gewünschte Form zu hauen. Aber auf Hod vollzieht die Systematik von Raphael die Feinarbeit sinnbildlich mit filigraneren Werkzeugen.

In Jezirah, der Welt der Formgebung, sind die *Bene Elohim* auf der Sephirah Hod beamtet. Die Söhne der Elohim, die Kinder von Nezach, also die konkreter ausgeformten inneren Bilder breiten ihre goldbestaubten Schwingen aus, um die Rituale mit dem Plan des Schöpfers zu verknüpfen.

In der Welt von Assia wird Hod von dem Urprinzip *Merkur* bestimmt. Dieses geht einher mit dem griechischen Gott *Hermes*. Jenes Prinzip entscheidet, wählt aus, gliedert und systematisiert – und dies jeweils in höchstmöglicher Geschicklichkeit! Deshalb umfasst die Analogiekette des Hermes auch alles rund um das Lernen und Lehren bis hin zur Dogmatik. Der ägyptische Gott *Thoth* und der hellenistische Hermes *Trismegistos* sind Repräsentanten des Hermes. Dieser Zusammenhang führt uns auch in die Hermetische Philosophie. Tatsächlich wird die legendäre *Tabula Smaragdina* als smaragdgrüne Steintafel beschrieben. Die Farbe von Nezach verbindet sich mit dem Dogma des Hermes von der Sephirah Hod.

Jede Benennung, Bezeichnung oder jeder Name ist auf Hod zu Hause. Das heißt, auf Hod schreiten die Schöpfungsbausteine aus der Anonymität heraus. Wir kennen die Formulierung: *Der Dämon nennt sich immer selbst bei seinem Namen*, und verstehen, es ist immer der Name einer Person oder einer Sache, der den Charakter beschreibt. Auch die Mantren, die heiligen Formeln wie zum Beispiel *Kyrie eleison*, *Hallelujah* oder *Amen* gehören prinzipiell der Sphäre Hod an. Der Schurz der Handwerker und der Tempelschurz der Magier sei hier ebenso genannt. Dieser sogenannte Apron verdeckt während eines Rituals nicht den ganzen Leib wie dies die Robe übernimmt, aber die Genitalien sind abgedeckt, damit sich die Zeugungskraft in die Herzen der Zelebranten verlagert. Gesetzesbücher werden hier als Spiegelung der kosmischen Gesetze verstanden. Als körperliche Zuordnung für Hod wählen wir die *rechte Hüfte* und als Farbe ein kräftiges *Orange*.

Die Sephirah Jesod

Nun strömt das Gotteswerk in die neunte Sephirah Jesod hinein. Jesod bedeutet Fundament und befindet sich auf der mittleren Säule des Ausgleichs unterhalb von Tiphareth.

Von diesem Fundament aus wird die Formenwelt belebt, wie der Körper von der Seele. Alles, was von oben herunter gekommen ist, fließt hier zusammen, weshalb der ganze Lebensbaum in Jesod bereits sein Ziel erreicht hat. Jesod nennen wir wegen des Formenreichtums auch die *Schatzkammer des Bewusstseins*. Diese Seinsstufe bildet den unsichtbaren Aspekt der Erde, im übertragenen Sinne ist Jesod die Seele der Erde. Alle Lebewesen, auch die kleinsten Mikroben, haben hier ihren Astralleib, den sie in die stoffliche Einkleidung schicken. Das Sichtbare entsteht zunächst hier. Was es auf Erden gibt, gibt es auch in Jesod. Alle Gedanken sind schon hier Realität. So bildet diese Sephirah eine Art Brücke zu anderen Welten, die ein Geweihter unter günstigen Voraussetzungen zu überschreiten vermag. Denn hier ist eigentlich schon vorhanden, was wir als Menschen auf der nächsten Sephirah Malkuth erblicken. Aber die Dinge sind nicht so klar unterscheidbar wie in den scharf umrissenen Raum- und Zeitfenstern des Erdenlebens.

Jesod gleich dem Erlebnis in einer geführten Trance: Der Myste taucht ein in das Sammelbecken aller Bilder und Erlebnisse und muss nun sortieren, welchen Erlebnissen er im Moment seine Aufmerksamkeit schenkt. In der Trance wandern wir einher in einer Spiegelwelt, in der wir unser Sein in einer Flut von inneren Bildern wahrnehmen können. Unsere Seele führt uns bildhaft in die Astralwelt von Jesod, vergrößert unsere Selbsterkenntnis und den Grad unserer Gotterkenntnis. Weil jeder Mensch nach dem Geheimnis der Seele sucht, eignet sich das folgende Seelen-Gleichnis von *Moshe de Leon* aus dem 13. Jahrhundert zum besseren Verständnis.

„Die Reise der Seele

Das Ziel der Seele, unseren Körper zu bewohnen, liegt darin, ihre Kräfte und Taten in der materiellen Welt sichtbar zu machen, denn dafür braucht sie ein Werkzeug. Wenn sie in diese Welt herabsteigt, vermehrt sie den Fluss ihrer Kraft, um den Menschen durch die Welt zu geleiten. Dabei vervollkommnet sie sich oben und unten und erreicht einen höheren Zustand, da sie von allen Dimensionen erfüllt wird. Wenn sie nicht sowohl von oben als auch von unten erfüllt wird, ist sie nicht vollständig. Bevor sie in diese Welt herabsteigt, ist die Seele aus dem Mysterium der höchsten Ebene hervorgegangen. Während sie in der unteren Welt angekommen ist, wird sie von der unteren Welt vervollkommnet und erfüllt. Wenn sie die untere Welt wieder verlässt, ist sie voll der Fülle beider Welten, der Welt oben und der Welt unten. Zuerst also, bevor die Seele in die sichtbare Welt herabsteigt, ist sie unvollkommen, denn es fehlt ihr etwas. Nachdem sie aber in diese Welt herabgestiegen war, wird sie danach in jeder Dimension vollkommen sein."

Hier endet das Zitat. Moshe de Leon sprach von der Notwendigkeit des Erdenlebens und verlieh diesem einen höheren Sinn. Obwohl Jesod schon die ganze Lebendigkeit hervorgebracht hat, bedarf es noch einer nächsten Verdichtung auf Erden. Aber in Jesod berühren wir jenen Bereich, den wir im Sterbevorgang durchleben; es ist *der Stoff aus dem die Träume sind*. Daher setzen die Theosophen Jesod mit der *Akasha-Chronik* gleich. Dieser ursprünglich aus dem Sanskrit stammende Begriff bedeutet auch Äther. In der Akasha-Chronik zu lesen heißt, in dem tiefen Teich von Jesod nach verborgenen Seinsschichten zu fischen oder sich in den Gewässern des Mondentempels zu spiegeln. Doch sei hier Vorsicht geboten, denn unvorbereitete Astralreisen sind nicht ungefährlich. Man sollte geschult sein, um diese Reisen zu unternehmen. Eine solche Schulung findet vorher auf Hod statt, denn dort können wir die rituelle Ausbildung ansiedeln. Das gut mit dem Kosmos abgestimmte Ritual nennen die Alchemisten ein *Purpurbad der Seele*. Der Umgang mit astralen Formen muss zuerst im Ritual gelernt worden sein, bevor man die Astralreiche bewusst durchwandern kann, ohne Schaden zu nehmen. Im Tempelschlaf sorgt der Mystagoge für das Ordnen der Bilder, weshalb diese Arbeit über weite Strecken ungefährlich bleibt. Ohne Begleitung führt dies am Anfang sehr leicht zu Wunschdenken und Illusion. Es gibt sehr viele Esoteriker, die den Phänomen der Trance nur sehr oberflächlich auf die Spur gekommen sind, und sich durch eingebildete Inkarnationen auf dubiosen Irrwegen verlaufen.

Die Gestaltwerdung des göttlichen Willens ist auf Jesod abgeschlossen und im Prinzip auch eingekleidet, jedoch noch nicht in unserem Sinne materiell sichtbar. Die Seele von Jesod versorgt den physischen Körper, und wir sprechen von Tod, wenn die Seele den menschlichen Körper nicht mehr mit Leben versorgt. Der Äther, das fünfte Element, steht hinter den Vier Elementen von Malkuth. Daraus folgt, Jesod ist die Heimat der Quintessenz.

Als magisches Bild von Jesod wählt man ein schönen, starken nackten Mann mit erhobenem Phallus im Mondenschein. Als Vollmond symbolisiert der Mond das Sammelbecken aller Lebendigkeit und als Halbmond die Auffangschale für alle anderen Sephiroth.

Jesod entspricht dem zweiten Himmel im Talmud, und dieser trägt den Namen *Rakija*, Himmelsgewölbe. Für den Talmud gleicht dieser Himmel unserem Eindruck von Himmel mit Sonne, Mond sowie den Fix- und Wandelsternen. Im ersten Kapitel der Genesis heißt es: *Und Gott setzte sie an die Feste des Himmel, dass sie schienen auf die Erde.*

Leo Schaya beschreibt diesen Rakija-Himmel wie folgt:

„Hier sind also alle Lichter, die von den göttlichen Anblicken durch die Himmel zur Erde strahlen, in einem einzigen Geiste vereinigt, den die Kabbala Sohar, Lichtglanz, nennt. Alle

Schlüssel der Weisheit werden in diesem Himmel aufbewahrt und unter die Propheten und Weisen je nach ihrer geistigen Empfänglichkeit verteilt; und alle zum Höchsten aufsteigenden Menschenseelen empfangen hier ihr Himmelsgewand, dessen Aussehen sich nach dem auf Erden erworbenen Verdienste richtet. Die Prophetengeister und Menschenseelen erscheinen hier selber wie Gestirne am Himmelsgewölbe; die größte und hellste Himmelsleuchte ist der Geist des Messias, der über allen andern steht und sie erleuchtet. Unter den ihn umgebenden Seelen befinden sich diejenigen, die hienieden ihres ewigen Heiles wegen gelitten haben, sowie jene, die Tag für Tag Gott dienten, ohne je ihr Gebet zu unterlassen, und jene, die Seinen Namen mit aller Kraft heiligten; alle diese Seelen steigen im Lichte des Messias zum Höchsten empor. Bei diesem Aufstieg wird jede Seele zu dem den dritten Himmel umgebenden Feuerfluss geführt, darin sie gereinigt werden soll. Die Seelen, die sich schon hienieden gereinigt haben oder denen Gott verzeiht, steigen aus diesem Flusse wieder heraus, werden in ihr Himmelsgewand gekleidet und dem Hohepriester Michael übergeben; dann bringt sie der Erzengel im Heiligtum des vierten Himmels gleichsam als Opfer dem Alten der Tage dar und lässt sie also zu Ihm emporsteigen. Manchmal aber geht eine Seele ihrer allzu großen Schuld wegen im Feuerstrom unter; darin wird sie verzehrt und in eine Flamme verwandelt und bleibt darin unter den andern Flammen, vielleicht bis zu jenem fernen Augenblick, wo alles Höllenfeuer ausgelöscht und aufgelöst wird in Awir, der sehr reinen und ungreifbaren Luft, die der Einzig-Ewige einatmet."

In der Welt von Aziluth finden wir auf der Sephirah Jesod den Gottenamen *Shaddai El Cha'im*. Dies bedeutet der allmächtige und lebendige Gott. In seiner Herrschaft befindet sich das Leben der Fortpflanzung. Schaddai El Cha'im ist der göttliche Aspekt, der in der Sexualität erlebt werden kann, entweder zur Zeugung eines Nachkommen oder zur Überzeugung für das Wort Gottes. Der Mensch hat zwei Wahlmöglichkeiten in seiner Sexualität, er kann sie körperlich genießen oder zum Androgyn werden, der seine Sexualität zölibatär lebt und für das geistige Wohl der Menschheit einsetzt.

In der Welt der Schöpfung, in Briah, begegnen wir dem *Erzengel Gabriel.* Sein Name bedeutet Gottes Stärke oder der Starke Gottes. Obwohl Gabriel wie die anderen Erzengel männlichen Geschlechtes ist, offenbart er häufig einen fürsorglichen mütterlichen Charakter. Im Judentum rettet der Erzengel Gabriel den Säugling Abram, indem er ihn mit Milch aus seinem Finger ernährt und ihn durch diese himmlische Nahrung sehr schnell heranwachsen lässt. Dem Propheten Daniel erscheint der Erzengel und deutet ihm die Vision, in der ein Lamm und ein Ziegenbock miteinander kämpfen. Und im Christum schreitet Gabriel als Verkündungsengel zu der Jungfrau Maria. Maria befindet sich in Andacht und Gebet, und damit symbolisiert sie die geläuterte Materie von Malkuth. Von Jesod aus verkündet Gabriel das Herabkommen des Heiligen Geistes in den Stoff, um eine neue Phase der menschlichen Entwicklung einzuleiten. Er nennt auch den Namen der Geburt, die aus dieser überweltlichen Zeugung hervorgehen wird. *Jehoschuah*, gebildet aus dem Gottesnamen *JHVH* und ergänzt durch den hebräischen Feuerbuchstaben *Shin.* In der Empfängnis von Jehoshuah wird der Wille Gottes in die Materie eingebracht, um erkannt zu werden.

Der Erzengel Gabriel gilt auch als Erwecker der Toten. In der 20. Säule des Tarot erhebt sich dieser Erzengel mit seiner

Posaune. Als Hüter von Leben, Tod und Auferstehung befindet er sich in der Darstellung des Tarot in seinem ureigensten Element. Die Toten symbolisieren die Stoffgebundenen. Gabriel erweckt sie mit einer himmlischen Trompete. Der übersetzte Ton des Erzengel Raziel von Chokmah schwingt durch diese Trompete und verkündet *Thelema*, Gottes Willen. Raziels Rufe selbst sind für uns Menschen nicht zu hören, aber die Trompete von Gabriel tönt siebenfach von Jesod bis nach Malkuth hinunter.

Jesod in der Welt Jezirah wird von den Heerscharen der *Ischim* erfüllt. Darunter versteht man sprühende Funken des Göttlichen Feuers, die aus der Glut hervor springen, sobald Bewegung in die Glut kommt. Die Ischim arbeiten daran, dass Lebenslust und Leidenschaft der Antrieb zum aufbauenden Handeln bleiben. Ihr beständiges Glitzern und Funkeln blinkt bis in die tiefsten Winkel der menschlichen Seele hinein.

In der Welt von Assia ist es das astrologische Urprinzip Mond. La Luna, die Mondin, leuchtet nicht selbst, sie reflektiert die Sonne und wird deshalb das kleinere Licht genannt. Fantasien und Gefühle befinden sich in der Analogiekette des Mondes. Beide leben durch die reiche Vielfalt innerer Bilder. Zu Jesod sagen wir auch Äther oder Astralebene, denn diese Sephirah bildet die vorläufige Substanz unserer physikalischen Welt.

Weitere Symbole von Jesod sind alle Düfte und Räucherwerke. Jeder Geruch durchdringt feste Strukturen und breitet sich aus wie eine Wolke. Auch Sandalen gehören hierher, sie halten zwar von dem direkten Bodenkontakt ab, der Boden ist aber spürbar. Wegen der Mondzuordnung können wir auch den Kelch hier einsortieren, aber nicht den goldenen Messkelch von Chesed, sondern den bitteren Kelch dunkler Erfahrungen. Jesod ist eine Durchgangsstelle, die jede Seele nach dem Tode bereist. Und genau in diesem astralen Labyrinth kann sie sich verlieren, wenn sie dem Bilderreichtum verfällt und den Weg in höhere Gefilde deshalb nicht findet. Der christliche Jesus betet in Gethsemane, sich nicht auf Jesod zu verirren und bis Tiphareth aufzusteigen: „Mein Vater, lass diesen bitteren Kelch an mir vorübergehen! Aber nicht wie ich will, sondern wie du willst."

Im Körper gelten die Fortpflanzungsorgane als Symbole von Jesod, und die Farbe ist Violett.

Zusammenfassend können wir sagen, bereits Jesod offenbart die Verschmelzung von Logos und Sarx, von Wort und Fleisch, wie sie nachher auf Malkuth in die Sichtbarkeit für uns Menschen treten wird. Gönnen wir uns dazu ein Zitat von Joseph Ratzinger aus dem Jahr 2000.

> Gott ereignet sich für den Menschen durch die
> Menschen hindurch, noch konkreter:
> Durch den Menschen,
> in welchem dass Definitive des Menschsein
> in Erscheinung tritt und der eben darin
> zugleich Gott selber ist.

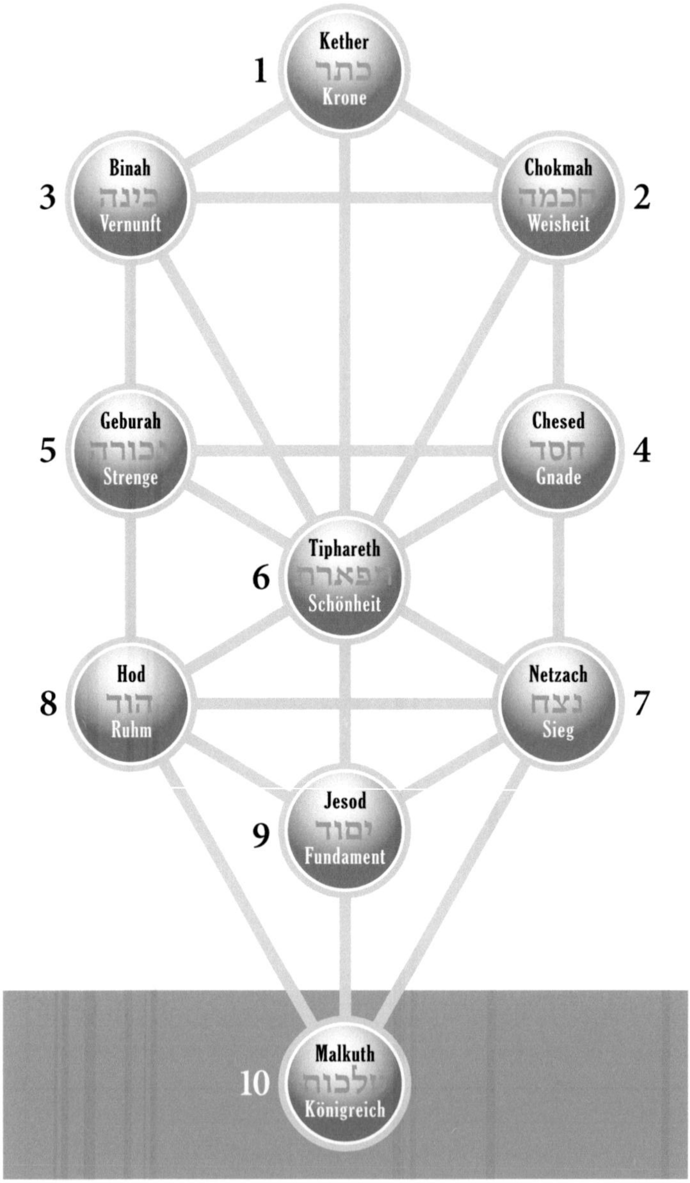
1
Kether
כתר
Krone
2
Chokmah
חכמה
Weisheit
3
Binah
בינה
Vernunft
4
Chesed
חסד
Gnade
5
Geburah
גבורה
Strenge
6
Tiphareth
תפארת
Schönheit
7
Netzach
נצח
Sieg
8
Hod
הוד
Ruhm
9
Jesod
יסוד
Fundament
10
Malkuth
מלכות
Königreich

Die Sephirah Malkuth

Malkuth bedeutet *unteres Königreich*. Diese zehnte Sephirah auf dem Baum des Lebens befindet sich auf der mittleren Säule des Ausgleichs unterhalb von Jesod. Malkuth wird genannt die *glänzende Intelligenz, in der sich alle Lichter vereinen*.

Das *Nichts* der drei Schleier und das *manifestationslose Sein* der Sephirah Kether hat sich stufenförmig zu einem Urstoff auf Jesod eingeformt und verdichtet sich am Ende in der Erscheinung auf Malkuth.

Malkuth liegt in keinem Dreieck, ist gleichsam wie ein Anhängsel und kann nicht ohne Jesod begriffen werden. Jesod ist bereits formgebend, aber auf Malkuth erlebt der Mensch die Kristallisierung der Substanzen. In der zehnten Sephirah werden die Formen für menschliche Augen sichtbar, weil hier der materielle Grund geliefert wird, der die Entstehungsgeschichte der Sephiroth verdichtet.

Bereits zuvor auf Jesod trat die Schöpfung in die Sichtbarkeit ein, im Großen wie im Kleinen. In der Sphäre Jesod gibt es das Universum mit seinen Galaxien ebenso wie alle menschlichen Gesten, Gefühle und Fantasien. Aber die Sephirah Jesod verwirrt unsere Wahrnehmung, weil sich hier alles durchdringt. Es fehlt gleichsam der Trennungsstrich zwischen den beiden Hälften der Polarität.

Das Zusammenspiel von Jesod und Malkuth drückt Gustav Meyrink in seinem Roman *Der Golem* aus, wenn der Archivar Hillel sagt: *Alles, was zur Form geronnen, war vorher ein Gespenst.* Der Dichter will uns damit sagen, die Astralwelt von Jesod gerinnt konkret zur Form. Wie der Staub der Atmosphäre dem Sonnenlicht einen Widerstand setzt und damit den Himmel erhellt, wird das astrale Nebelreich von Jesod erst in der Grobstofflichkeit von Malkuth erkennbar.

Der Vorteil von Malkuth ist die Trägheit, die scheinbar unbedingte Festigkeit der Erscheinungen. Darunter leiden zwar Geist und Seele des Menschen, aber für reale physische Erfahrungen bedarf es dieser Voraussetzung. Die Separatio auf der Sephirah Malkuth dürfen wir deshalb als ein Gottesgeschenk an die Menschheit betrachten, obwohl wir eben gerade an dieser Dualität zu leiden haben.

Malkuth bildet nur von oben gesehen eine Einheit. Befinden wir uns in mitten in der Erdenwelt, erfahren wir die Spaltung. Verständlicherweise bevorzugen wir stets den hellen Pol unserer Wirklichkeit, und doch dauert es nicht allzu lange, bis uns das Schicksal auch das Gegenteil davon auf den Plan ruft. Deshalb sprechen wir von dem *Rad des Schicksals*, an dessen Peripherie es mit unserem Leben unwiderruflich auf- und abgeht.

Wir sollten es uns noch einmal deutlich vor Augen führen:

In der Sephirah Malkuth manifestiert sich der dichteste Wille in der gesamten Emanation Gottes. Der Träger des Lebens ist Jesod. Malkuth ohne Jesod bliebe unbelebt, nur Staub, denn Malkuth liefert lediglich die Substanz, in die sich das Leben einkleidet. Adam und Eva verbringen ihre erste Lebenszeit im Garten Eden auf Jesod. Erst wenn sich beide gleichsam nach der Vertreibung mit Fellen bekleiden, beginnen sie mit ihrer körperlichen Existenz und *machen sich die Erde untertan*.

Malkuth bildet den schönsten Aspekt aus der Sicht des Erdenbürgers, welcher solange daran festhält, wie er noch nicht alle Früchte der Welt genießen konnte. Jedoch der Mystiker strebt danach, die Welt zu überwinden. Aber er weiß genau, dass Malkuth wahrlich *notwendig* ist, weil alles Erschaffene bis in die Form durchgebracht werden muss, sonst bleiben die Ideen der Schöpfung im Astralnebel stecken und gelangen nicht zu ihrem eigentlichen Sinn.

Um eines Tages zu Kether zurückkehren zu dürfen, musste der Mensch aus dem Garten Eden vertrieben werden und auf dem groben Acker von Malkuth ankommen. Nur in dem Geröll der festen Stoffe vermag er seine Dualität zu erkennen. Von Kether bis Malkuth findet eine *Involution* statt, eine stufenweise Verdichtung der Ideen. Ganz am unteren Ende der Jakobsleiter – im Königreich der zehnten Sephirah – beginnt die *Evolution*, in der es darum geht, die Seele von den angehäuften Manifestationen wieder zu befreien. Der Rückweg in den Himmel vollzieht sich an der sogenannten *Wendeboje* von Malkuth. Dion Fortune formulierte dies in ihrem Werk *Die mystische Kabbala* in folgender Metapher:

„Malkuth ist eine Boje, an der die Bootsregatta wenden muss, sonst ist das Rennen nicht zugewinnen. Erst muss die Materie vollends bewältigt worden sein, bevor man sich dem Lebensbaum in umgekehrter Richtung zuwendet."

Hieraus resultiert der abendländische Ansatz, sich zwar von der Form nicht dominieren zu lassen, sie aber auch nicht vernachlässigen zu dürfen. Askese und Weltabgewandtheit sollten also nicht die Meisterung der Materie verhindern.

Im Talmud ist Malkuth mit dem ersten Himmel vergleichbar, und dieser wird Wilon genannt. Wilon heißt Schleier. Gemeint ist das Bild eines Schleiers, der die Wahrheit des Nachts verdeckt hält und bei Tag enthüllt.

Dies will sagen, wenn ein Mensch sich in das solare Bewusstsein erhebt, so wird der Schleier immer durchsichtiger und eröffnet schließlich den Blick für das Mysterium der Erlösung. Wendet er seinen Blick wieder auf den Erdboden des lunaren Bewusstseins, so verhüllt der Schleier die eigentliche Wahrheit, und wir geben uns der Täuschung hin.

Leo Schaya formuliert: „Da, wo dieser Himmel für die Menschen und insbesondere die Propheten klar und durchsichtig wird, schauen sie durch ihn, der im Herzen ruht, die Wahrheit wie in einem Spiegel."

Leo Schaya warnt uns aber sogleich im selben Kapitel davor, wie sehr wir vergessen könnten, dass es sich hier um einen Spiegel handelt, in dem wir von Malkuth aus lediglich das Astralreich von Jesod erblicken. Dort gibt es wie auf jeder Sephirah unzählige Engel. Nur der solar Geläuterte erkennt in dem Spiegel die göttlich beauftragten *Cherubim*. Aber der lunare, im höheren Sinne unbewusst gebliebene Mensch, erhascht nur ganz vage Eindrücke von Schemen, die am weitesten unten wohnen. Diese bewegen sich zwar viel, sind jedoch in ihrem Wesen sehr verfinstert; sie entstehen am Morgen und werden – den Eintagsfliegen vergleichbar – des Abends durch Blitze wieder vernichtet.

Das ist ein eindrucksvolles Bild für die unteren Astralwesen, manchmal auch Spottgeister genannt. Sie treiben ihren Schabernack mit gutgläubigen Suchenden, die bereits alles, was hinter dem Schleier kreucht und fleucht, für heilig halten. Das Problem der Bewohner des untersten Himmels besteht nämlich darin, dass es hier zwei sehr konträre Kundgebungen der einen Wahrheit gibt.

Die Rabbinen zeigen deshalb zwei Qualitäten der Geistwesen von Malkuth auf. Die *Saphira* sind klar und rein wie ein transparenter, geschliffener Edelstein und leuchten aus sich selbst heraus. Die *Lebanah* hingegen besitzen wie unser Mond kein eigenes Licht, sie werden nur von den Saphira angeleuchtet; dadurch erscheinen sie manchen Menschen als spirituelle Wesen, obwohl sie eigentlich geistlos sind.

Ähnliches wollte zuvor schon Platon mit dem Höhlengleichnis ausdrücken. Das Licht der Wahrheit erkennt nur der, der die Höhle zu verlassen bereit ist. Platon gehörte der griechischen Hochkultur an. Ein Höchstmaß an materieller Stabilität und Schönheit bereitet einen guten Boden für die Erhöhung der Philosophie bis in das Himmelreich. Die Weltanschauung archaischer Völker, in denen sich die Gebete auf die Vermehrung und den Schutz der grünenden Natur beschränken, ist noch viel zu vorläufig, um an Evolution zu denken. Es sind die Anrufungen und die Gebete in den Tempeln, die den Horizont zu den Himmelsregionen eröffnen.

Leo Schaya schreibt:

„So steigen alle Sephiroth von Kether in einer gemeinsamen Ausstrahlung und einem vollkommenen Zusammenwirken bis zu Malkuth herab, um sich durch diese schaffend, erleuchtend und erlösend im Bereiche der Schöpfung kundzugeben. Was aber ist die Schöpfung, wenn nicht der schöpferische Anblick der Selbstoffenbarung und Selbstempfängnis des Einen ohne den Zweiten."

Welche himmlischen Dimensionen das Durchsichtigwerden des Schleiers offenbart, zeigt uns schließlich der heilige Johannes mit den 22 Schaubildern in seiner Offenbarung. Apokalypse heißt denn auch nicht zufällig *Enthüllung*!

In den ersten Himmel stellt der Talmud *Joseph*, den Lieblingssohn des Stammvaters Jakob. Das aufreibende Schicksal von Joseph bildet ein passendes Erklärungsmodell für Malkuth. Die Tötungsabsicht der eigenen Brüder, die heimliche Verschonung durch den mitleidsvollen Ruben, der ihn zur Rettung in eine Zisterne wirft, also in das Wasser, gibt schon am Anfang den Blick auf das Erdenleid frei.

Aber dann nehmen die Verwicklungen im Joseph-Leben ihren dramatischen Lauf. Männer einer Karawane holen Joseph aus der Zisterne, um ihn als Sklave in Ägypten an Potiphar, einen Obersten am Hofe des Pharao, zu verkaufen. Anfangs ging es Joseph gut und er bekam hohe Ämter zugewiesen. Als jedoch die Gemahlin des Potiphar ihn wegen einer Verschmähung der Vergewaltigung bezichtigte, wurde Joseph in das Gefängnis geworfen. Da der Pharao von sieben fetten und sieben mageren Kühen träumte, holte man Joseph aus dem Gefängnis, damit er den Traum deuten sollte. Joseph bezog die Traumbilder auf das äußere Leben von sieben fetten und sieben mageren Jahren. Weil es wirklich so kam, erhielt er wiederum ein hohes Amt. Zu guter Letzt führte das Schicksal ihn sogar mit seinen Brüdern zusammen, worin wir die Möglichkeit der Versöhnung nach langen Kämpfen von Gegensätzen gezeigt bekommen.

Das magische Bild von Malkuth zeigt eine junge gekrönte Frau, die auf dem Thron sitzt und ihr Gesicht unter einem dunklen Schleier verhüllt. Diese untere Mutter, die Erdenmutter, ist für die Welt der Erscheinung, was die Sephirah Binah als obere Muttergottheit für die numinose Triade des Ursprungs ist.

Die fortpflanzende und materiell ausgerichtete Komponente von Malkuth bezeichnet die Kabbala als das Weib der Sephiroth. Auf der anderen Seite steht jener Aspekt von Malkuth, der die stoffliche Welt zu überwinden begonnen hat und den wir in seiner Reinheit *Tochter* oder *Jungfrau Israels* nennen.

Als Jungfrau bezeichnen wir Malkuth, wenn es einem Menschen gelungen ist, umzukehren und sein Augenmerk wieder hinauf in das Himmelreich zu richten. Ein solcher Mensch beweist Tag für Tag, den Anforderungen von Malkuth gerecht werden zu können. Und trotzdem verzichtet er zunehmend deutlicher darauf, die irdischen Früchte eigennützig zu genießen. Was immer ihm auf Makuth auch widerfährt, ob Glück oder Leid, das höchste Bestreben kann er nicht mehr verlieren: Den innigsten Wunsch zu Gott zurückzukehren!

Die Jungrau Israel steigert sich noch zu einer gewaltigen Herrlichkeit, wenn sie *Shekinah* heißt. Als Shekinah inmitten des Tempels dargestellt bildet Malkuth den Sammelpunkt des Heiligen. In diesem dreieckigen Altar nimmt die Offenbarung Gottes Einwohnung. Die Shekinah wird deshalb auch die *Braut Gottes* genannt. Und sie muss immer umgeben sein von einem sakralen Raum, der rituell so vorbereitet wird, dass Anrufungen und Gebete zu den oberen Palästen aufsteigen können. Wir erfassen im Symbol der Shekinah den Bewusstseinszustand eines religiös erwachten Menschen, der seine Wurzeln nur noch im Himmel ansiedelt und den Herzenswunsch hegt, seinen Mitmenschen als Vorbild für die Gottesliebe zu dienen. In Jesaja 40 heißt es: *Hebt eure Augen in die Höhe und seht, wer diese Dinge erschaffen hat!*

Der jüdische Sabbat wird als Ruhetag des Allmächtigen ohne Arbeit begangen, damit der Shekinah an diesem Tag Gebete und Anrufungen entgegen gebracht werden. Spüren wir dem Hymnus des Anthropologen und Juden *Raphael Patai* an die *Sabbat-Braut* nach:

Kommt, Freunde,
gehen wir dem Sabbat entgegen,
denn er ist die Quelle des Segens,
die seit alten Tagen strömt!

Im Handeln lag das Ende,
im Erkennen liegt der Anfang!

Kommt, Freunde,
gehen wir der Braut entgegen,
empfangen wir das Antlitz des Sabbat!

In der Welt des Ursprungs, in Aziluth, lautet der Gottesname von Malkuth *Adonai Ha Arez*. Der Name bedeutet *Herr der Erde*. Dieser Gottesname kennzeichnet die Spiegelung von Kether, wie es im Vaterunser abschließend heißt: *Denn dein ist das Reich und die Kraft und die Herrlichkeit in Ewigkeit. Amen.*

Auf Malkuth herrscht der Erzengel Sandalphon in Briah, der Welt der Schöpfung. Sandalphon bedeutet den leisen Ton, den Sandalen hervorbringen, wenn jemand darin über die Erde schreitet. Das große Geheimnis dieses Erzengels liegt darin, dass er der Zwillingsbruder von Metatron ist, der von der Erde, ohne durch den Tod zu gehen, an den himmlischen Thron entrückt worden ist. Sandalphon hat freiwillig auf das Vorrecht im Himmel zu leben verzichtet, um hier unten auf Erden den Weg der Rückkehr zu weisen. Er verweilt hingebungsvoll bei den Menschen auf Erden, um ihnen zu zeigen, dass auch jetzt ein Teil von ihnen wie Metatron nach oben steigen kann, obwohl die Sandalen noch über den festen Boden schreiten. Sandalphon kann demnach die Kraft geben, um sich ohne Todeserfahrung mit dem Vater von Kether zu vereinigen. Zudem heißt es auch: Wer Sandalphon in das Gesicht schauen könne, der sehe seine Inkarnationen darin.

Malkuth auf Jezirah, der Welt der Formgebung, wird von den Heerscharen der Engel *Cherubim* geleitet. Sie sind die Handelnden genannt und stehen in Verbindung mit den *Chaiot* ha *Qodesch*, den vier überirdischen Geschöpfen, Stier, Löwe, Adler und Engel. Die Cherubim sind erhabene Engelgestalten, mit jeweils vier Flügeln. Ihre Aufgabe ist es, den Kontakt nach oben aufrecht zu halten. Deshalb bewachen sie auch die Bundeslade in Exodus 25, wo es heißt:

„Und du sollst zwei goldene Cherubim machen. Als getriebene Arbeit sollst du sie ausführen an beiden Enden des Gnadenstuhls, sodass ein Cherub sei an diesem Ende, der andere an jenem. Aus dem Gnadenstuhl sollt ihr die Cherubim herausarbeiten an seinen beiden Enden. Und die Cherubim sollen ihre Flügel nach oben ausbreiten, dass sie mit ihren Flügeln den

Gnadenstuhl bedecken und eines jeden Antlitz gegen das des andern stehe; und ihr Antlitz soll zum Gnadenstuhl gerichtet sein. Und du sollst den Gnadenstuhl oben auf die Lade tun und in die Lade das Gesetz legen, das ich dir geben werde. Dort will ich dir begegnen und mit dir reden von dem Gnadenstuhl aus, der auf der Lade mit dem Gesetz ist, zwischen den beiden Cherubim, alles, was ich dir gebieten will für die Israeliten."

Wegen dieses biblischen Buches, das den Bund von Jahwe und dem Volk Israel aufzeigt, tragen auch die vier kanonischen Evangelisten die Signaturen der Cherubim: Stier-Lukas, Löwe-Markus, Johannes-Adler und Engel-Matthäus als Symbol der archetypischen Elemente.

Malkuth auf dem Baum von Assiah wird getragen von Symbolen, die mit dem Geschehen von Malkuth verwandt sind. Als erstes müssen die Vier Elemente genannt werden. Aber hier sind sie nicht mehr rein. Dies stellt die Kabbala dar, indem sie die Farben von Malkuth schmutzig nennt. Aus den drei Grundfarben und der Mischfarbe Grün wird auf Malkuth Ockergelb, Olivgrün, Rostbraun und Blauschwarz.

Als Symbole sind zu nennen die Mühlsteine als grobe Werkzeuge, die Feineres hervorbringen. Dann der doppelkubische Altar, oben weiß unten schwarz. Außerdem der magische Kreis und der Punkt von Kether, der zum Kreis wurde. Sogar die Einsteinsche Formel: $E = mc^2$ lässt sich hier einsortieren, da die stoffliche Welt nur ein anderes Ausdrucksgeschehen der kosmischen Schwingung ist.

Im Körper sind es die Füße und der Anus. Denken wir hierbei an den Narren im Tarot, der alten überlieferten Darstellungen den Hintern entblößt, der ja amüsanterweise auch die *vier Buchstaben* genannt wird. Ein von Erdenbindungen vollständig Erlöster kann eben nur in den Himmel umkehren, wenn er ganz unten an der Wendeboje von Malkuth angekommen ist. Darüber haben wir heute gesprochen.

Stellen wir an den Abschluss ein Zitat von *Abraham Isaak Kook* aus dem 20. Jahrhundert:

> Es gibt profane Welten und heilige Welten.
> Diese Welten widersprechen einander.
> Der Widerspruch ist natürlich subjektiv.
> Mit unserer beschränkten Wahrnehmung
> können wir das Heilige und
> das Profane nicht miteinander vereinbaren,
> denn wir können ihre Widersprüche nicht
> miteinander in Einklang bringen.
> Sie begeben sich nur an der Spitze,
> in der Höhe des Universums in
> Einklang miteinander,
> nur an der Stätte des
> Heiligen der Heiligen.

Bibliographie

Hans-Dieter Leuenberger:
Schule des Tarot, BD 2, Der Baum des Lebens.
Verlag Hermann Bauer, 1982

Hans-Dieter Leuenberger:
Engelmächte. Vom praktischen Umgang mit kosmischen Kräften.
Verlag Hermann Bauer, 1991

Sepher Jezirah
– in kabbalistischen Büchern enthalten,
z.B. bei Papus: Die Kabbala

Leo Schaya:
Ursprung und Ziel des Menschen.
Otto Wilhelm Barth Verlag, 1972

Perle Bessermann:
Der versteckte Garten.
Fischer Taschenbuch, 1996

Rabbi Michael Laitmann:
Kabbala. Ein erster Einblick in die verborgene Weisheit.
Roman Kovar Verlag, 2001